sizer slapin Mellotron

Bongos Saxophon Echo

ngzeit Thi

Gibson Pedale Delay

Mixer 1222 Bernd Aust

ilscheibe digital Booster

ah Wah Bottleneck VCF

vinet Gong Hammond

rumar Talk Box Klavier

Strings frettless Gain

rmonika Fader Basset

Emerson Panoramapedal

krofon Formant Effekte

Lasch
Instrumentarium des Rock

Instrumentarium des Rock

von Stefan Lasch

VEB Lied der Zeit · Musikverlag · Berlin 1987

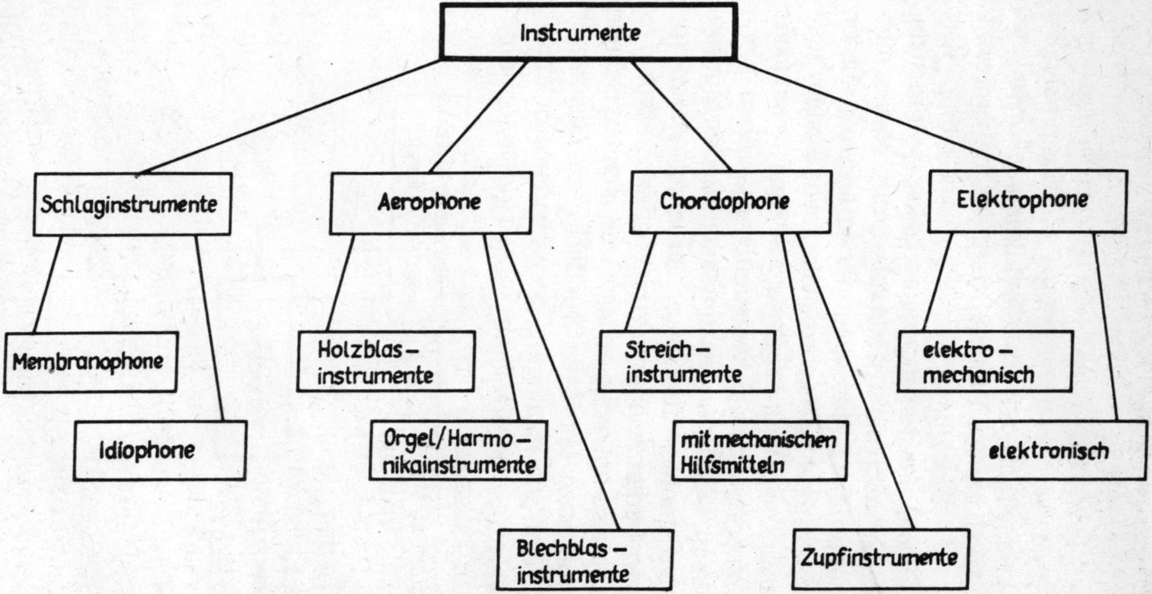

Abb. 1. Systematik der Musikinstrumente nach Sachs/v. Hornbostel

heute noch gültigen Systematik (Abb. 1) entwickelten Curt Sachs und Erich M. v. Hornbostel. Ihre „Systematik der Musikinstrumente“ wurde erstmals 1914 in der Zeitschrift für Ethnologie“ veröffentlicht und gilt im Zusammenhang mit dem „Handbuch der Musikinstrumentenkunde“, erschienen 1919, als das Standardwerk der Instrumentenkunde.
Natürlich konnte zum damaligen Zeitpunkt die Gruppe der „Elektrophone“ noch nicht bestimmt werden, aber immerhin findet man bei Sachs schon einen Hinweis auf ein „elektrisches Klavier“. Trotzdem stellt dieses System auch so etwas wie eine Grundlage für die Bestimmung des Rockinstrumentariums dar, wenn auch dazu noch einige weiterführende Überlegungen angestellt werden müssen. Ohne die traditionellen oder Naturinstrumente wären typische Rockinstrumente jedenfalls nicht denkbar. Wobei es zunächst etwas fragwürdig scheint, von einem typischen Rock-Instrument zu sprechen. Der Blick in die Geschichte des Jazz zeigt Entwicklungen, die wir in der Rockmusik wiederfinden. Die Berechtigung, vom Rockinstrumenta-

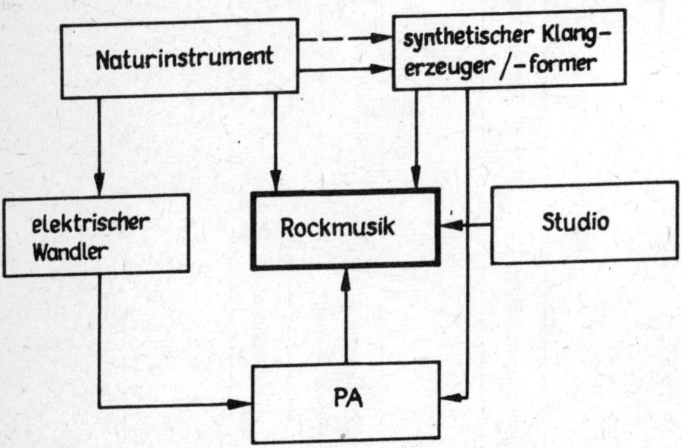

Abb. 2. Rockinstrumentarium

rium zu sprechen, ist vielleicht im häufigen Gebrauch bestimmter Instrumente und in der Erweiterung durch elektronische Klangformer und Übertragungsanlagen zu sehen.

In der Abb. 2 sind die funktionalen Zusammenhänge und Bestandteile des Rock-Instrumentariums dargestellt, mit denen ausnahmslos jede Rock-Band arbeitet. Differenzierungen entstehen dann, wenn das eine oder andere Element stärker betont oder vernachlässigt wird.

Schlaginstrumente

(perc, dr)

„Die Drums machen den Beat der Band, bringen sie zum Leben und halten sie zusammen. Sie sind die vereinigte Kraft.“ (Billy Cobham)

Allgemeines: Das Schlagzeug ist das motorische Rückgrat einer Rockband und trotz der Übermacht der Elektronik in der Rockmusik nach wie vor wegen seiner Vielteiligkeit ein bestauntes Instrument. Die klanglich exponierte Rolle wird meist noch optisch unterstrichen, indem der Schlagzeuger samt seiner Geräte auf ein zusätzliches Bühnenpodest placiert und durch mehrere Effektscheinwerfer illuminiert wird. Das mag sein, um durch das Instrument verdecktes Spielen, ein wenig hervorzuheben. Betrachtet man die Einzelteile seines Instruments, so ist der Schlagzeuger der Vielseitigste. Rund 10 verschiedene Schlaginstrumente – die „Exoten“ mal ausgeklammert – finden in der Rockmusik Anwendung, und die muß ein Schlagzeuger beherrschen und wiederum nicht. In der Praxis unterscheidet man sehr sorgsam zwischen dem ‚Schlagzeuger‘ (drummer) und dem ‚Percussionisten‘. Also derjenige, der die große Trommel (bass drum, Baß-Trommel), kleine Trommel (snare drum, snare), Becken (cymbals), Tom Toms (Toms) und die Hi-Hat bedient, ist der Schlagzeuger. Und derjenige, der sozusagen das ‚mobile‘ Schlaginstrumentarium spielt – von den Claves bis zu den Congas – wird mit ‚Percussionist‘ bezeichnet. Dieser ‚feine‘ Unterschied wird vor allem durch die Instrumentenkürzel hinter dem Namen deutlich. Der Schlagzeuger erhält *dr* (drums = Schlagzeug), und der Percussionist ein

Röhrenglöckchen – hängende, tonlich abgestimmte bis 2m lange Bronze- bzw. Messingröhren, die per Hand mit einem speziellen Hammer angeschlagen werden.
Klang: glockenähnlich, nicht so voluminös
Beispiel:

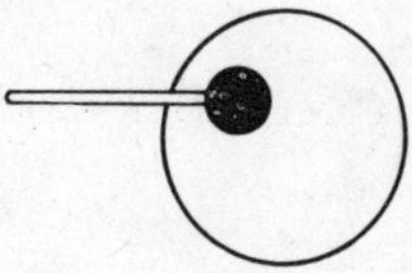

Abb. 8. Platten

Becken – Tellerscheiben aus einer Bronzelegierung mit einem Durchmesser zwischen 20 und 60cm, die einzeln aufgehängt und mit Schlegeln zum Schwingen gebracht werden.
Klang: abhängig von der Art des Schlegels:
weicher Schlegel – gongähnlich,
harter Schlegel – metallisch hart,
und wo das Becken angeschlagen wird – scheppernd (Rand), klingelnd (Mitte)
Tam Tam – gehämmerte, flache, runde Metallscheibe mit einem Durchmesser bis zu 1m, deren Rand nach innen gebogen ist.
Das Tam Tam wird am Rand mit einer Schnur aufgehängt.
Klang: metallisch scheppernd
Gong – runde Metallplatte mit einem Buckel im Zentrum und gebogenem Rand.
Je nach Tonhöhe beträgt der Durchmesser 20 bis 70cm.
Klang: voluminös, stark nachklingend, auf bestimmte Tonhöhe abgestimmt

Abb. 9. Gong

Beispiel:

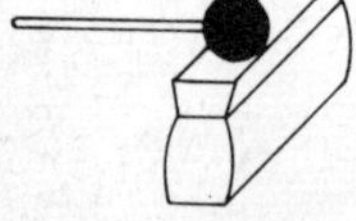

Abb. 10. Gefäß

Woodblocks (Holzblocktrommeln) – rechteckige Hartholzblöcke, die längsseitig ausgehöhlt sind.
Klang: helles, hölzern klickendes Geräusch
Tempelblocks – kugelförmige Hartholztrommeln mit einem breiten Klangschlitz.
Klang: helles bis dumpfes klickendes Geräusch
Cow Bells (Kuhglocke, Cencerro) – eine Viehschellenglocke aus Messing- oder Kupferblech ohne Klöppel. Der Klang wird durch Aufschlagen mit einem Holzschlägel erzeugt.
Klang: dumpf-blechernes Geräusch

c) Schütteln
Beispiel:

Abb. 11. Rahmen

Schellenrassel (Stab-Pandeira) – kleine Metallplättchen in einem Bambusrahmen mit Stab.
Klang: metallisches Rasseln, Geräusch
Flexaton – ledergepolsterter Holzklöppel schlägt beidseitig gegen eine Stahlzunge in einem Halterahmen bzw. ein Klöppel schwingt zwischen zwei Stahlzungen.
Klang: metallisches Schwirren
Schellentrommel (Tamburin) – flacher, zylindrischer Reifen aus Holz oder Metall (Höhe ca. 4–8 cm, Durchmesser: 25–35 cm), der auch mit einem Fell bespannt sein kann. Moderne Ausführungen sind meist ohne Fell.
Klang: metallisches Rasseln, Geräusch
Schellenring o. -reif – Holz- oder Metallreifen mit mehreren, paarweise angeordneten kleinen Metallblättchen.
Klang: metallisches Geräusch

Beispiel:

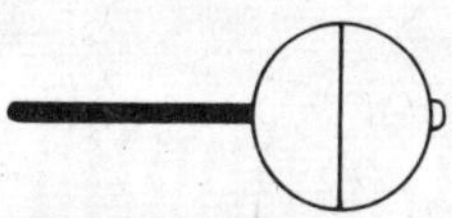

Abb. 12. Gefäß

Rollschellen – kleine, geschlitzte Hohlkörper aus Metall, die an einem Lederriemen bzw. an einem Reifen oder Schellenbaum aufgehängt sind.
Klang: Klingeln

Schüttelrohr (Tubo, Chocallo) – zylindrischer Holz-, Blech- oder Plastekörper (Durchmesser ca. 10 cm; Länge ca. 30 cm), der mit Sand, Reis, Körnern oder Steinchen gefüllt ist.
Klang: Geräusch

Maracas (Rumbakugeln) – Hartholz- oder Kunststoffkugeln, die auf einem kurzen Stiel befestigt und mit Sand gefüllt sind.
Klang: Geräusch

Cabaza – ursprünglich Doppelkopfflaschenkürbisse mit umgelegter Perlenschnur und kurzem Griff. Heute: zwei gegeneinander drehbare Metallzylinder, die mit Sand o. ä. Material gefüllt sind.
Klang: Zischendes Geräusch
Beispiel:

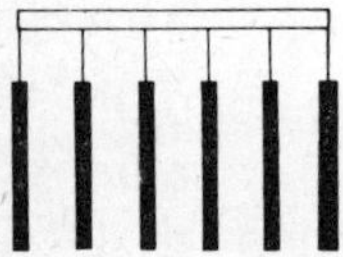

Abb. 13. Reihe

Abb. 14. Stabreihe aus Metall

Abb. 18. Pauke

Beispiel:

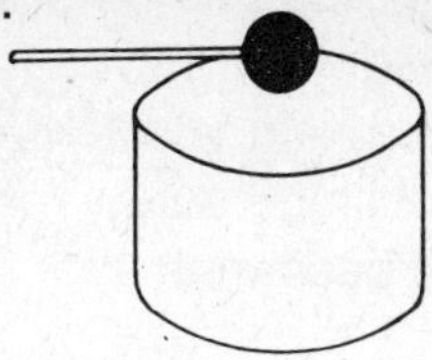

Abb. 19. Röhre

Kleine Trommel (snare drum) – zylindrischer Körper (Zarge) aus Messing, Holz oder synthetischem Material mit einer Höhe von ca. 10–30 cm und einem Durchmesser von 30–38 cm.

Die Zarge wird mit zwei Fellen aus Kunststoff oder Tierhäuten bespannt, wobei sich über das untere Fell Schnarrsaiten ziehen.

Die Klangerzeugung erfolgt mit Trommelstöcken (Holzschlegel mit Holz- oder Metallkuppen) oder Besen (dünne gebündelte Metallstreifen, auch synthetisches Material möglich).

Die Felle werden über Metallreifen und Schrauben gespannt.

Klang: markant, topfig bis peitschend, je nach Konstruktion und Anschlagart, unbestimmte Tonhöhe

Große Trommel (bass drum) – in Material und Aufbau vergleichbar mit der Kleinen Trommel. Die Zargenhöhe liegt zwischen 25 und 55 cm und der Durchmesser zwischen 38 und 80 cm (keine Schnarrsaiten). Im Stand wird die Große Trommel über eine Fußmaschine (Flemingmaschine) zum Klingen gebracht, in der Marschmusik durch große weiche Filzschlegel (Abb. 20).

Klang: tief und warm, pochend bis zum gewaltig-dunklen Knall

Tom Toms – sind in Material und Konstruktion der Großen Trommel ähnlich.

Je nach Art der Befestigung unterscheidet man zwischen Stand- und Hänge-Tom Toms.

Die Zargenhöhe reicht von 14–60 cm und der Felldurchmesser von 15–50 cm. In der Regel werden immer mehrere Tom Toms bei einem Schlagzeug verwendet, die in der Tonhöhe aufeinander abgestimmt sind. Tom Toms können beidseitig mit einem Fell bespannt, aber auch unten offen sein (Abb. 21).
Klang: unbestimmte Tonhöhe, aber klanglich abgestuft

Abb. 20. komplettes Schlagzeug

Timbales – sind meist zwei verbundene, auf einem Ständer befestigte Einfelltrommeln mit zylindrischer Zarge (Höhe: 16–20 cm, Durchmesser: 31–35 cm) aus Kupfer

oder Messing. Die Membran besteht aus Ziegenfell und wird über die überstehende Metallzarge durch Spannschrauben befestigt.
Klang: metallartig, eindringlich, klanglich aufeinander abgestuft

Bongos – werden meist paarweise verwendet und sind Einfelltrommeln mit einer zylindrischen Holzzarge (Höhe: 14–17 cm, Durchmesser: 17–19 cm). Bongos werden hauptsächlich ohne Schlegel gespielt.
Klang: etwa im Quartabstand, aufeinander abgestuft, eindringlich, dumpf

Congas (Tumbas) – werden ähnlich wie die Bongos paarweise oder dreifach eingesetzt.
Die Holzzarge ist faß- bzw. kegelförmig mit einer Höhe von ca. 70–80 cm und einem Durchmesser von 22–29 cm.

Abb. 21. verschiedene Hängetoms

Bei diesem Schüttelinstrument werden die Klangerzeuger einzeln aufgehängt und können sich gegeneinander erregen bzw. sie werden bewegt.
Ketten – kleine Metall- oder Bambusstäbe werden auf einer Schnur aufgereiht.
Klang: Klirren, raschelnd

d) Schrapen

Beispiel:

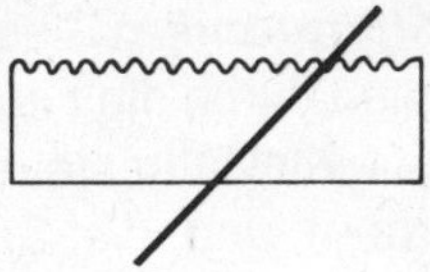

Abb. 15. Raspel

Guiro, Güiro, Guero oder Gurke (Kürbisraspel) – ein mit kleinen Transversalkerbungen versehener, kürbisartiger Bambuskörper, der geschlitzt ist und durch Schrapen mit einem Holz- oder Metallstab zum Klingen gebracht wird.
Klang: voluminöses Schabgeräusch
Beispiel:

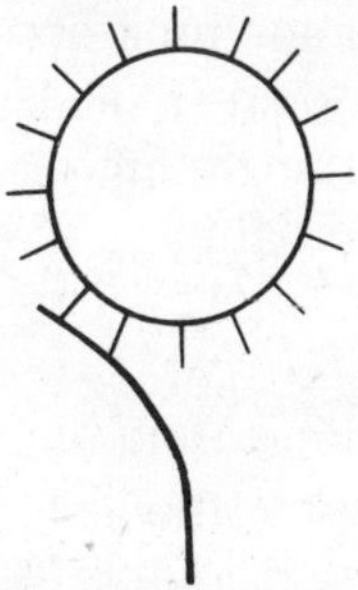

Abb. 16. Räder

Ratschen oder Schnarren – ein Holzzahnrad wird in Rota-

tion versetzt und bringt dabei eine Holz- oder Plastezunge in Schwingung.
Klang: Geräusch

e) Streichen

Diese Klangerzeugung bei Schlaginstrumenten hat heute nur noch Kuriositätenwert.
Die Instrumentenkunde nennt zwei Arten der gestrichenen Idiophone. Einmal ist es die ***Glasharmonika*** (Glasschalen rotieren auf einer Welle und können durch die Finger bzw. Tangentenmechanik, die über eine Klaviatur steuerbar ist, zum Schwingen gebracht werden) und die ***Singende Säge***. Eine Art Stahlsäge wird mittels eines Streichbogens oder eines weichen Schlegels in Schwingungen versetzt. Die Tonhöhe kann dabei durch Biegen des Sägeblattes variiert werden.
Klang: eindringliches Schwirren mit fixierbarer Tonhöhe

f) Zupfen

Auch diese Klangerzeugung sei nur der Vollständigkeit halber erwähnt. Neben der *Spieldose* (kleine Stifte, die auf einer rotierenden Walze befestigt sind, reißen kleine Lamellen an) hat vor allem die *Maultrommel* eine gewisse Bedeutung. Hier wird ein Metallrahmen mit den Zähnen gehalten und mit den Fingern eine kleine Metallzunge angerissen. Der Mund dient als Resonanzraum.
Klang: Schwirren, in der Tonhöhe variabel

g) Blasen

Blasidiophone haben praktisch keine Bedeutung. 1878 wurde in Paris das *Piano Chanteur* vorgestellt, das aus Stahlstäben bestand, deren Boden durch Blasen in Schwingungen versetzt wird. Ein ähnliches Instrument *Ku tang* ist aus China bekannt.
Klang: knatternd, eindringlich

Die zweite große Gruppe der Schlaginstrumente wird aufgrund ihrer Klangerzeugung als „Membranophone" (Fellklinger) bezeichnet.

Wie der Begriff schon ausweist, spielen hier vor allem gespannte Membrane, Tierhäute oder synthetische Felle, eine Rolle. Je nach Form des Resonanzkörpers und Art der Klangerzeugung lassen sich wieder einige Differenzierungen anstellen:

h) Schlagen

Beispiel:

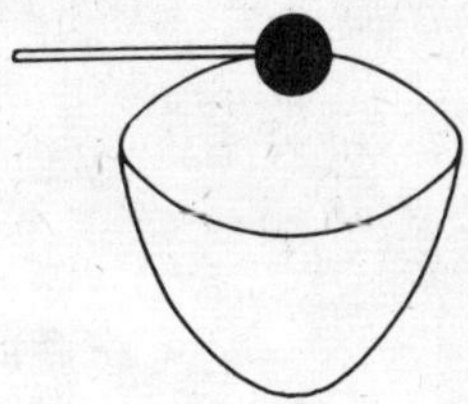

Abb. 17. Kessel

Pauke – ein mit einer Membran überspannter Kupfer- oder Messingkessel, dessen Durchmesser je nach Stimmbereich zwischen 55 und 80 cm beträgt. Die Pauke hat eine feste Tonhöhe, die über Mechanismus (Pedalpauke) variiert, umgestimmt werden kann. Der Anschlag erfolgt mit Filz- oder anderen Schlegeln mit einem Kopf aus weichem Material.

Klang: voluminös (von der Art des Anschlagens abhängig), eindringlich, in der Tonhöhe fixiert

Baßpauke (D–A), ∅ 81,5 cm

Große Pauke (F–d), ∅ 71,5 cm

Kleine Pauke (A–fis), ∅ 64,5 cm

Hohe Pauke (e–c^1), ∅ 56 cm

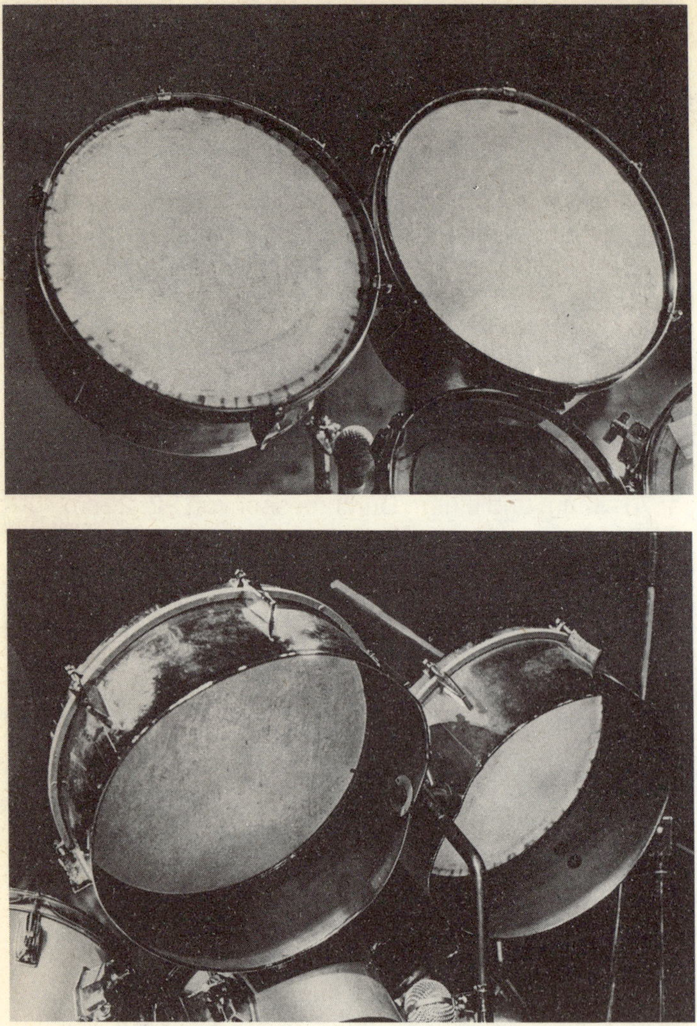

Abb. 22. Timbales (Vorder- und Rückansicht)

Congas werden meist auf Ständern befestigt und können mit den Händen oder weichen Schlegeln gespielt werden.
Klang: in der Tonhöhe zueinander abgestimmt, voluminös, warm, „dschungelartig"

Abb. 23. Standtom, Congas

i) Reiben

Diese „Fellklinger" haben in der Rockmusik keine Bedeutung. Bekannteste Vertreter sind der *Brummtopf* (ein Gefäß ist mit einer Membran überspannt, in die ein Stab verankert ist, der durch Reiben Schwingungen erzeugt) und der *Waldteufel* (ebenfalls ein mit einer Membran versehenes Gefäß, das an einer Seite aufgehängt und in Rotation versetzt wird).
Klang: knarrend bzw. brummig

j) Blasen

Auch diese Klangerzeugungsart ist kaum von Bedeutung. Hierunter fallen das Kammblasen und einige Generatoren bei Kinderinstrumenten. Ein Sonderfall, der in diese Gruppe eingeordnet werden könnte, sind Experimente einiger Schlagzeuger, die ihre Tom Toms und kleine Trommel mit einem Schlauch versehen haben und per Atemluft während des Spielens die Tonhöhe (Fellspannung ändert sich) variieren.

Geschichtliches: Kehren wir zum Schlagzeug, dem wichtigeren Teil in der Rockmusik, zurück und begeben uns ein wenig in die Geschichte. Die wohl ältesten Instrumente dieser Gruppe sind die Becken. Bereits im 11. Jahrhundert v. u. Z. waren Becken als Kultgegenstände bekannt. Doch erst im 18. Jahrhundert sind sie dann im europäischen Raum ‚heimisch' geworden. So führt 1700 August der Starke in Sachsen eine polnische Regimentsmusik mit vier Beckenschlägern ein und auch die große Trommel hält langsam Einzug ins Musikleben. Zwar ist auf einem Gemälde von Vittore Carpaccio, um 1505, besagte große Trommel schon zu sehen, doch der Durchbruch kommt erst mit der Janitscharenmusik gegen Ende des 18. Jahrhunderts. 1782 schreiben Mozart für die „Entführung aus dem Serail" und Haydn für die „Militärsinfonie" eine große Trommel vor. Die Spieltechnik jener Zeit folgte allerdings noch ganz dem türkischen Vorbild. Das rechte Fell wird mit einem Klöppel geschlagen, das linke mit einer Rute. Um 1800 tauchen dann die ersten aus Messing gefertigten großen Trommeln auf. Ebenso beginnt zu diesem Zeitpunkt die Mechanisierung des Instrumentes, d. h. die Leinenbespannung wird durch einen Schraubenmechanismus ersetzt.

Zur kleinen Trommel: Ihre Zeit beginnt ebenfalls im 18. Jahrhundert. Um 1707 wird in Preußen die Messing-

trommel eingeführt, und das Exerzierreglement der preußischen Armee von 1714 und 1718 schreibt sogar ausdrücklich Messingtrommeln vor.
1837 reicht dann der Engländer Cornelius Ward das Patent für eine Schraubentrommel ein. Dadurch wird die Zargenhöhe wesentlich kleiner. 1854 kommt dieser neue Trommeltyp mit acht Spannschrauben auch nach Preußen, und 23 Jahre später reduziert der Rendsburger Ludwig Bertram den Mechanismus auf 5 bzw. 6 Schrauben.

Abb. 24a. Fußmechanik (gr. Trommel)

Damit bleiben die einzelnen Schlagzeugteile erst einmal wie sie waren. Becken, große und kleine Trommel, in der Militärmusik bestens bewährt, kommen um 1900 in den Jazz, und da fängt's wieder an, interessant zu werden. Die große Trommel wird nicht mehr getragen, sondern quer vor dem Spieler auf den Boden gestellt. Eine Fußmaschine, das ist ein Hebelmechanismus, mit dem ein Filzschlegel in eine etwa halbkreisförmige Bewegung versetzt werden kann, befreit die Hände des Musikers.

Abb. 24b. Fußmechanik (Hi-Hat)

In den zwanziger Jahren denken sich die Schlagzeuger Vic Berton und Kaiser Marshall etwas Neues aus, und zwar eine Vorrichtung, die es möglich macht, ein Beckenpaar ebenfalls über einen Fußmechanismus zum Klingen zu bringen. Diese Entwicklung sollte als Charleston-Maschine bzw. als Hi-Hat (High Hat; hoher Hut) in die Instrumentengeschichte eingehen. Die hängenden Becken, bis etwa 1940 nur als Effekt benutzt, werden von Kenny Clark umfunktioniert. Er verlagert die ‚Beat'-Funktion nach und nach von der kleinen und großen Trommel auf das Bekken. Mit Max Roach beginnt die Entwicklung des Schlagzeugs vom „Metronom" zum ‚Musikinstrument'. Das Schlagzeug ist nicht mehr nur das ‚beat'-fabrizierende Instrument, sondern wird im Jazz und dann im Rock zum quasi-melodischen Instrument.
Die technische Entwicklung, die unterschiedlichsten Materialien und ausgefeilten Mechaniken ermöglichen heutzutage selbst mit den Füßen ein virtuoses Spiel. Hinzu kommen noch Entwicklungen, die besondere Klangeffekte liefern. Ein erster Schritt dazu waren auch die 1963 von der Firma ‚Conrad' (DDR) entwickelten Plastefelle. Einige Schlagzeugkonstruktionen unserer Tage sollen diesen kleinen historischen Überblick ergänzen.
Kleine Trommeln: HLD 580 ist eine Kleine Trommel der Firma „Sonor" mit einer 14″ (36 cm, gerundeter Wert, 1″ = 2,54 cm) mal 8″ (20 cm) hohen Holzzarge. Die Stärke dieser Zarge beträgt 11 bzw. 7 mm und ist aus 12schichtigem Buchenholz gefertigt. Die Holzoberflächen bestehen aus afrikanischem Rosenholz bzw. Makassar-Ebenholz. Das Spannen des Fells erfolgt mit 12 Schrauben über einen Profilreifen von 2,5 mm Stärke. Die Schnarrsaiten sind bei diesem Trommeltyp als 24spiraliger Edelstahlteppich ausgelegt, dessen Klangwirkung vom weichen Klang bis hin zum harten Snare-Sound über Rändelschrauben variiert werden kann. Damit sich dieser

„Teppich" nicht selbständig verstellen kann, ist er über zwei Stahlstäbe geführt, die für einen gleichmäßigen Andruck an das Fell sorgen. Der Zargenrand ist 45 % nach innen geneigt, was eine gute Fellauflage ermöglicht. Diese Trommel kann über einen Außendämpfer individuell gedämpft werden. Eine Variante dieses Trommeltyps wird aus Ferromanganstahl nahtlos gezogen. Die Zargenbreite beträgt 6½'' (17 cm).

Andere Hersteller fertigen Snare-Trommeln aus sechs Schichten Eichenholz in einer Abmessung von 14'' (36 cm) mal 6½'' (17 cm) mit gegossenem Spannreifen und 10 Spannschrauben.

Große Trommeln: Die bisher am tiefsten klingende Baß-Trommel baute die Firma „Orange". Das Instrument hat eine Zargenbreite von 32'' (80 cm) und einen Durchmesser je nach Ausführung von 22'' (56 cm) bis 24'' (61 cm). Die gebräuchlichsten Durchmesser der Baß-Trommel liegen zwischen 22'' und 24''

Bei vielen bass drums wird nur noch die Fußmaschinenseite mit einem Fell bespannt.

Einen völligen Bruch mit der traditionellen Trommelform brachte „Staccato Drums". Die Zarge hat nicht mehr die zylindrische Form, sondern ist nach außen eigenwillig umgestülpt. Das Material, das dafür verwendet wird, ist mehrfach geschichtetes Fiberglas. Der Klang wird als laut und kräftig, aber obertonarm beschrieben.

Tom Toms: Die in letzter Zeit auffälligste Entwicklung stellt die Firma „North" vor. Ähnlich wie bei erwähntem „Staccato"-Typ sind die Zargen hornförmig nach vorn gebogen. Damit kann mit einem 10'' (25 cm) Tom der Eindruck eines 12'' (30 cm) Toms erreicht werden. Der Vorteil liegt dabei in der besseren Stimmbarkeit. Kleinere Tom-Durchmesser lassen sich besser abstimmen. Das Material dieser Instrumente besteht aus einem Hartkunststoff. Die Toms werden in den Größen 6'' (15 cm), 8'' (20 cm), 10'' (25 cm) und 12″ (30 cm) als Hängetoms gefertigt und ein 14″-Tom als Standvariante. Die „Staccato“-Toms sind wie die bass drums nach vorn umgestülpt mit einer Ausbuchtung nach oben.

Abb. 25. North Drums

Rototom: Diese Instrumente sind eine spezielle Tom-Variante. Diese Toms sind mit einem Metall-Reflektor ausgestattet. Ein spezieller Hall-Reflektor befindet sich halb um das Tom herum und ist für Spezialeffekte mit einer verstärkten Aluminiumkante ausgerüstet. Die Wirkung eines Rototom liegt im Klang, der sich in der Tonhöhe nach dem Anschlag verändert. Man hat den Eindruck, das Fell wird immer stärker angespannt.

Felle: Moderne Schlagzeuge werden nur noch für Spezialeffekte mit Tierhäuten ausgerüstet. Das synthetische Trommelfell hat sich durchgesetzt. Dabei gibt es einige originelle Entwicklungen, die vor allem der Klangverbesserung dienen sollen, z. B. Felle, die eigentlich aus zwei Fel-

Abb. 26. Schlagzeug mit Rototoms

len bestehen, aber durch einen dünnen Ölfilm gegeneinander isoliert sind.

Musiker: Bis auf wenige Gruppen, die eine elektronische Rhythmusmaschine benutzen, hat jede Rockband einen Schlagzeuger. Spezielle Stilistiken sind meist an bestimmte Musiker gebunden. Generell unterscheiden sich Hardrock-Trommler von jazzorientierten. Drummer wie John Bonham (Led Zeppelin), Phil Collins (Genesis, Solist), Klaus Scharfschwert (Puhdys), Thilo Ferstl (dialog), Pete York (Deep Purple), Keith Moon (Who), John Coughlan (Status Quo), Michael Schwandt (Karat), Roy „Bev" Beven (ELO) bevorzugen die geradlinige, hart akzentuierte Spielweise, während Frank Endrik Moll (Lift), Alphonso Johnson (Weather Report), S. Dohanetz (Pankow), Daniel Saraphine (Chicago), Billy Cobham (verschiedene Gruppen, u. a. Mahavishnu Orchestra), Ginger

Baker (Cream und eigene Gruppen) mehr das jazzige, solistisch orientierte Spiel anwenden.

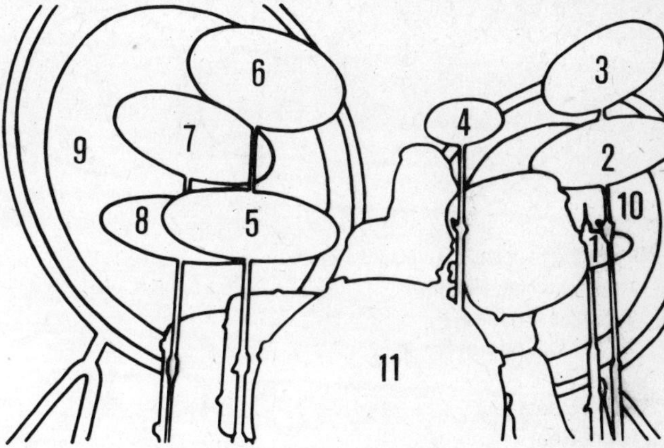

Abb. 27. Schlagzeugaufbau (Carl Palmer)
1 14'' Sound Edge Hi-Hat 2002
2 16'' Thin Crash, FO 602
3 20'' Medium, 2002
4 11'' Seven Sound Set No. 2
5 20'' China Type, 2002
6 20'' Heavy, FO 602
7 22'' Crash, 2002
8 20'' Medium, FO 602
9 50'' Symphony Gong
10 38'' Symphony Gong
11 Ludwig Drums

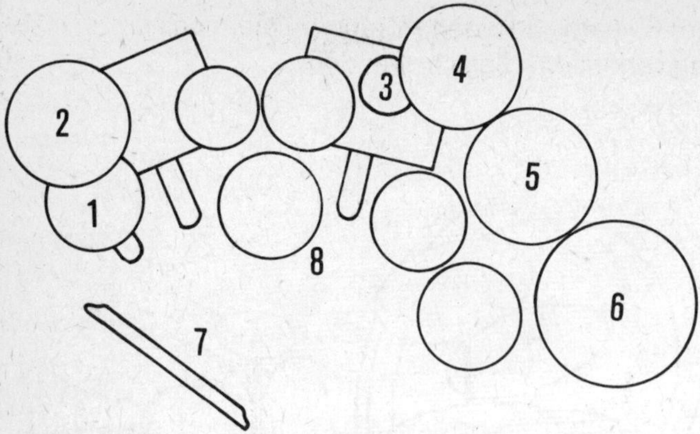

Abb. 28. Schlagzeugaufbau (Nick Mason)
1 15'' Heavy Hi-Hat, FO 602
2 18'' Giant Beat (Heavy)
3 8'' Seven Sound Set No. 1
4 18'' Giant Beat
5 20'' Giant Beat
6 24'' Giant Beat
7 36'' Symphony Gong
8 Ludwig Drums

Plattenhinweis:

ohne Schlagzeug

Never going back again	Fleetwood Mac	AMIGA 855677
Scherbenglas	Lift	AMIGA 855638
Das, was ich will	Karat	AMIGA 855695

quasi-melodischer Einsatz (große Trommel, kleine Trommel, Toms, Becken, Hi-Hat)

Monomento	Collegium Musicum	Opus 9115 0261
Zeit	Wir	AMIGA 855 596
45-01	Karat	AMIGA 855 929

Flexaton, Zimbel, Becken

Ouvertüre aus Schlacht		
Der Traktor	Bayon	AMIGA 855 772

Congas

Pentus	Bayon	AMIGA 855 772
Samba Pa ti	Santana	AMIGA 855 519
Allegria	Klaus Doldinger	AMIGA 855 668

Klanghölzer, Schüttelrohr, Cow Bell

I'm a Man	Chicago	Pepita SLPXL 17698

Kuhglocke, Schellenring

Spinning Wheel	Blood, Sweat & Tears	AMIGA 855 734

Gong

Na Perwszy Ogien	SBB	MUZA SX 1206
Eine Nacht auf dem kahlen Berg	Stern Meißen	AMIGA 855 567

mit Besen gespieltes Schlagzeug

Ring of fire	Johnny Cash	AMIGA 855 736
The Tip of my Fingers	Jiri Brabec & His Country Beat	Supraphon 113 1139
Your song	Al Jarreau	AMIGA 855 735

Kammblasen, auf dem Rand geschlagene kleine Trommel

Ufftata, die Rumsmusik ist da	Winni II	AMIGA 855 626

Marimbaphon

Falscher Glanz	Karat	AMIGA 855 929
Pandora's Box	Procol Harum	Muza SX 1378

Rototoms

Jede Stunde	Karat	AMIGA 855 929

Die Insel	Transit	AMIGA 855 958
Cabaza, Schellenring		
All	Al Jarreau	AMIGA 855 735
Bongos		
The Pleasant Pheasant	Billy Cobham	AMIGA 855 834
Glockenspiel		
Circle in the Round	Miles Davis	AMIGA 855 727

BLASINSTRUMENTE

„Blasinstrumente sind Tonwerkzeuge, bei denen die in einer Röhre enthaltene Luftsäule der klingende Körper ist, der durch eingeblasene Luft zum Ansprechen gebracht wird. Gemeinhin versteht man unter Blasinstrumenten nur die mit dem Mund angeblasenen Orchesterinstrumente, indem man die durch Klaviatur gespielten (orgelartigen) Blasinstrumente mit Bälgen besser als besondere Gruppe rechnet.“

(Brockhaus Konversations-Lexikon, 1898)

Allgemeines: Blasinstrumente sind keine typischen Rock-Instrumente. Aus der Tradition heraus assoziieren Trompeten, Saxophone, Posaunen zunächst Jazz. Und das mögen wohl auch die Beweggründe gewesen sein, warum dennoch Blasinstrumente als gleichberechtigtes Instrumentarium neben Gitarre und Schlagzeug im Rock auftauchen. Hauptsächlich Gruppen, die Rock- und Jazz-Elemente zusammenfügen, benutzen auch Blasinstrumente, bestimmte studiotechnische Effekte mit Blasinstrumenten einmal ausgeklammert.

Würde man eine Häufigkeitsskala der Blasinstrumente in der Rockmusik aufstellen, könnte sie so aussehen: Tenorsaxophon, Mundharmonika, Flöte, Altsaxophon und dann nur noch vereinzelt Klarinette, Oboe, Waldhorn, Tuba, Dudelsack, Akkordeon, Blockflöte usw. Weshalb gerade Tenorsaxophon und Mundharmonika ganz vorn stehen, hängt mit den Bausteinen der Rockmusik zusammen. So ist das Tenorsaxophon auf Grund seines rauhen, kratzenden Tones das Solo-Instrument im Rock'n'Roll, und die Mundharmonika gehört zum Blues wie die Gitarre. Die Flöte verdankt ihren Durchbruch in der Rockmusik Ian Anderson von Jethro Tull. Seine individuelle Spielweise (Überblasen, Mitsingen) ist eine klangliche Zutat, die kein Synthesizer liefern kann. Sie ist aufregend, raffiniert und originell.

Dennoch ist eben der Jazz-Rock zu großen Teilen ohne Bläser nicht denkbar, Soul schon gar nicht, und selbst Gruppen wie Police und Genesis haben in einigen Titeln komplette Bläsersätze eingesetzt. Wobei sich in der Regel der Bläsersatz auf Saxophon, Trompete und Posaune stützt, wenn man so will, die Reduzierung, aber Beibehaltung der typischen Klangfarben einer Big Band. Lassen sich bei allen anderen Instrumenten gewisse rocktypische Spielweisen erkennen, so sind die Spielweisen der Trompeter, Posaunisten und Saxophonisten hauptsächlich durch die verschiedenen Jazz-Strömungen oder Musiker geprägt worden.

Systematik und Wirkungsweise: Die landläufig als „Blasinstrumente" bezeichneten Musikinstrumente werden in der Orchesterpraxis allgemein in „Holz-" und „Blechblasinstrumente" unterteilt. Die klassische Instrumentensystematik erfaßt darüber hinaus noch Orgel und Harmonikainstrumente, also all jene Instrumente, die durch eine begrenzt (Atem) oder unbegrenzt (Blasebalg) schwingende Luftsäule zum Klingen gebracht werden. Daher spricht man auch von der Gruppe der „Aerophone", der „Luftklinger".

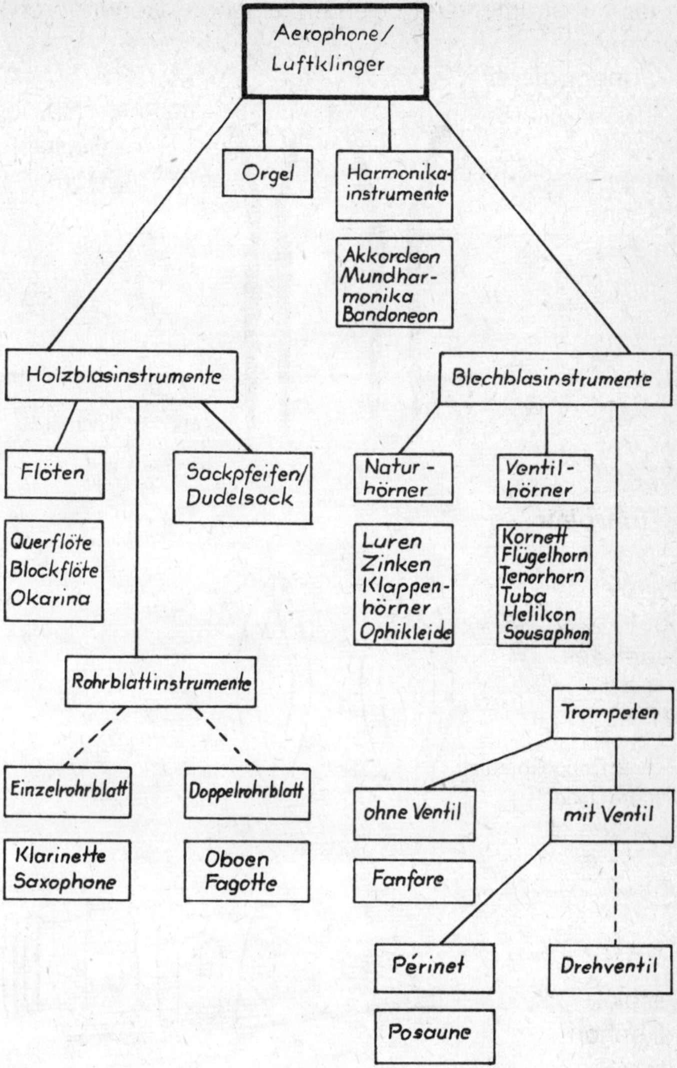

Abb. 29. Systematik der Aerophone

Je nach Instrumentenart werden folgende „Generatoren“ verwendet:

a) ***Lippenpolster***

Beispiel:
Trompete
Posaune
Tuba

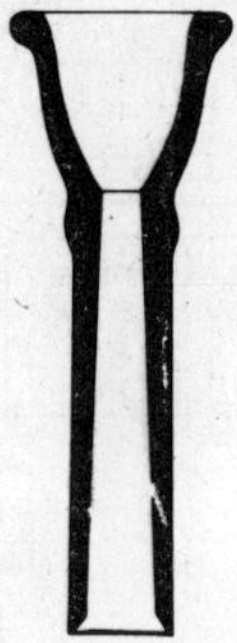

Abb. 30. Kessel

Abb. 31. Trichter

Beispiel:
Horn

b) Rohrblatt

Beispiel:
Oboe
Dudelsack

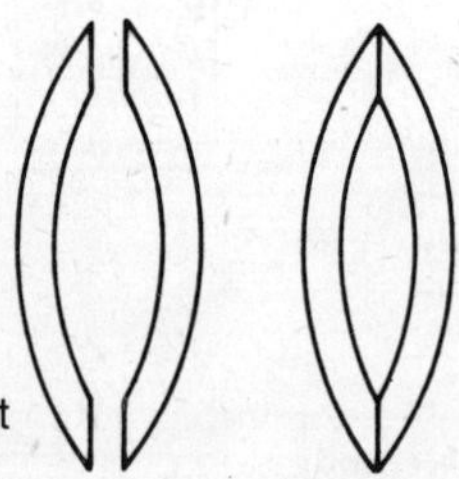

Abb. 32. Doppelrohrblatt (Gegenschlag)

Beispiel:
Saxophon
Klarinette

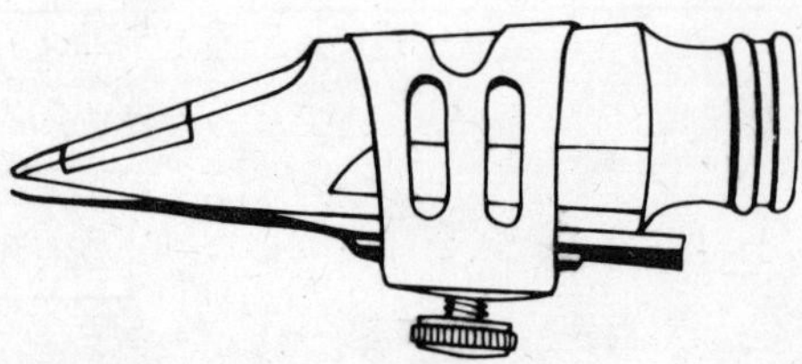

Abb. 33. Einzelrohrblatt (Aufschlag)

c) Lamelle

Beispiel:
Mundharmonika
Akkordeon

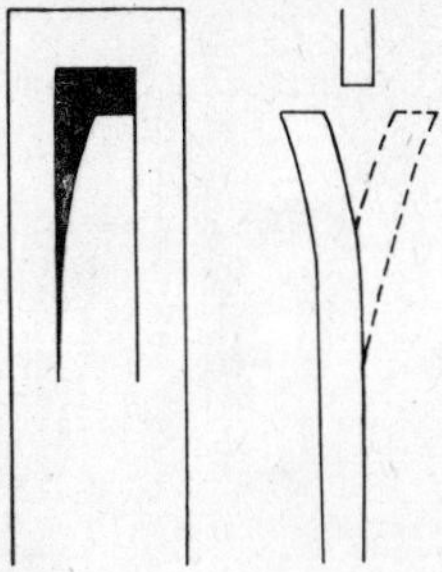

Abb. 34. Zunge (Durchschlag)

Abb. 35. Baßmundharmonika

Abb. 36. Akkordeon

d) Schneidkante

Beispiel:
Blockflöte

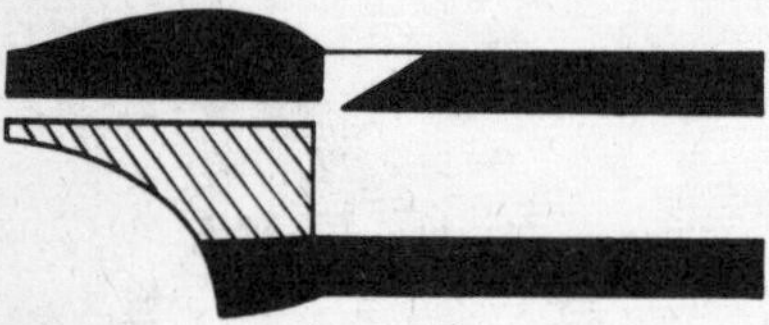

Abb. 37. Schnabel

Beispiel:
Querflöte

Abb. 38. Anblasloch

e) Pfeifen

Beispiel:
Orgel

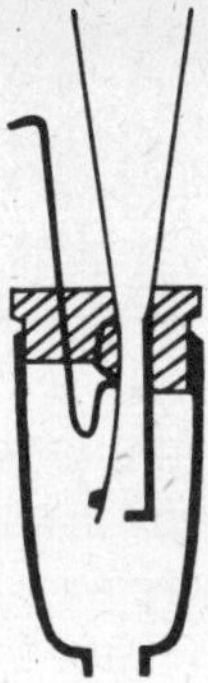

Abb. 39. Lingual

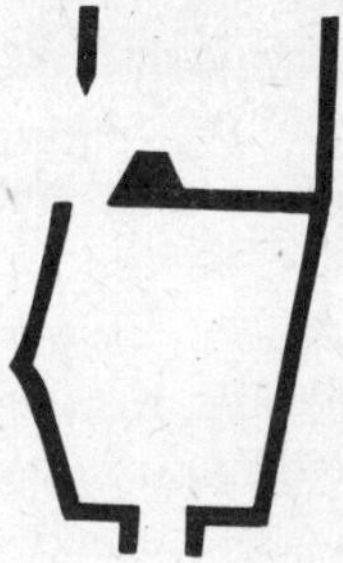

Abb. 40. Labial

Trompete (tp)

Geschichtliches: Der Ursprung der heutigen Trompeten geht zurück auf eine Art Tuba, die schon vor unserer Zeitrechnung bekannt war. Erste bildliche Überlieferungen zeigen diese Trompeteninstrumente als konische Metallröhren von etwa 60 bis 120 cm Länge mit einer leichten Stürzenausladung und einem Mundstück aus Horn bzw. Knochen. Der Klang dieser Instrumente soll mit dem eines Flügelhorns vergleichbar sein.

Im 8. Jahrhundert finden wir auf Gemälden die „Trumba", ein trompetenähnliches Instrument. Die eigentliche Entwicklung zur heutigen Trompete begann etwa im 12. Jahrhundert mit der „Busine". Dieses verhältnismäßig lange Blechblasinstrument hatte eine leicht konische Form und einen bucklig abgesetzten Schallbecher. Daneben existierten auch fast zylindrische Instrumente mit einem breit ausladenden Schallteller. Im Vergleich zu anderen Instrumenten nahmen diese trompetenartigen eine Sonderstel-

lung ein, denn an ihnen wurden Standarten befestigt, die zur Kennzeichnung des jeweiligen Fürsten- oder Ritterstandes dienten.
Im 14. Jahrhundert wurde aus dem langgestreckten Rohr die „S-Form", und der Name Trompete kam auf. Es blieb jedoch die besondere Stellung des Instruments, denn die Trompetenspieler stellten im Verein der anderen Musiker eine eigene Kaste dar. Eine weitere Klarheit in die Trompetenfamilie veranlaßte Kaiser Friedrich II. mit seinem Befehl, Diskant- und Baßtrompeten zu trennen.
Das 15. Jahrhundert brachte dann eine entscheidende konstruktive Veränderung, die Bügelform. Die Metallröhre beschrieb nun einen langgezogenen Bogen, kehrte zum Anfang zurück und mündete in einer zweiten Ebene in eine „S-" bzw. Zickzackform, um schließlich im Schallstück zu enden. Um 1500 war dann die endgültige Form, wie wir sie heute kennen, erreicht.
Schon zu jener Zeit existierten Instrumente in verschiedenen Stimmungen. Ursache dafür war die Länge des Rohres, d. h. die Stimmung ergab sich durch den tiefsten natürlichen Ton, der beim Hineinblasen entsteht. 1888 „veränderte" eine preußische Kriegsministerialverfügung die in Frankreich übliche D-Stimmung, indem folgende Bauanleitung verordnet wurde: 42 cm lange Messingröhre mit 72 % Kupfergehalt und einem 12,8 cm weitem Schallstück. Und das ergab eine Trompete in Es-Stimmung. Auch waren diese Instrumente noch ventillos, d. h. der Spieler konnte Melodien nur durch Ausnutzung des Obertonspektrums spielen. Das wiederum hieß ein Spielen in den höchsten Lagen, denn da erst werden die Abstände der einzelnen Obertöne geringer und können für zusammenhängende Melodiepassagen genutzt werden. Grund genug für die Instrumentenbauer, Überlegungen anzustellen, dieses komplizierte Spielen durch technische Hilfsmittel zu erleichtern. Übrigens spielen heute wieder Virtuosen (L.

Güttler) wie zu Johann Sebastian Bachs Zeiten die überaus komplizierten Stücke auch auf ventillosen Instrumenten.
Jedenfalls kam 1801 Weidinger auf die Idee, eine „Klappentrompete“ zu bauen. Wenn sich sein Instrument auch nicht durchsetzte, deutete er doch immerhin einen Weg zur einfacheren Spielbarkeit an. Andere Instrumentenbauer versuchten nun, mit der „Zug-Trompete“ (vergleichbar mit der Zugposaune) eine spieltechnische Verbesserung anzubieten. 1814 wurde dann das erste Ventilsystem vorgestellt, das aber auch noch mit vielen Kinderkrankheiten behaftet war und kaum praktischen Nutzen hatte.
Der Wiener Riedl baute dann 1832 das Dreh- bzw. Zylinderventil und der Pariser Périnet sein nach ihm benanntes Ventil. Das Prinzip dieser Mechanismen ist relativ einfach. Durch Schließen oder Öffnen der Ventile wird die Rohrlänge der Trompete mechanisch verkürzt oder verlängert, d.h. je nach Ventilstellung ändert sich der Obertonaufbau zum Grundton, so daß in Verbindung mit den Naturtönen letztlich ein chromatisches Spiel möglich wird. Die ventillose Trompetenzeit gehörte von nun ab der Vergangenheit an.
Mit dem Périnet-Ventil kam auch noch eine optische Korrektur. Die Ventile lagen nicht mehr horizontal zum Messingrohr, sondern waren vertikal angeordnet. Das sollte zusammen mit einer engeren Mensur (kleinerer Rohrdurchmesser) zum charakteristischen Merkmal der Jazz-Trompete werden. Doch da passierte im Jazz zunächst folgendes: Man vermischte die Bezeichnungen. Denn die eigentliche Trompete wurde erst in den 20er Jahren zum typischen Jazz-Instrument. Davor spielten die „Trompeter“ Kornett, ein Instrument aus der Horn-Familie. Anfang des 19. Jahrhunderts versah man nämlich in Frankreich „Posthörner“ mit Pumpventilen (piston) und hatte damit ein Instrument, das tonlich leicht ansprach und eindringlich

klang. Wie kurios aus instrumententechnischer Sicht die Verwechslung von Kornett und Trompete ist, zeigt der Fall Rex Stewart. Stewart gilt als einer der technisch virtuosesten Trompeter (!) vor dem „Bop“ und blies doch Kornett. Klanglich und spieltechnisch dagegen ist der Wechsel vom Kornett zur Trompete gar nicht mal so gewaltig. Noch heute setzen Trompeter, wenn es zum Stück paßt, die Melodie zum Beispiel etwas ‚schärfer‘ klingen soll, das Kornett ein oder benutzen für warme Klangfarben auch mal ein Flügelhorn.

Musiker: Arthur Biggs war der erste Jazzmusiker, der bereits Anfang der 20er Jahre zur Trompete griff. Und selbst Louis Armstrong kam erst 1928 zur Trompete. Trotzdem hat sein schmetternder Trompetenton die Spielweise vieler Trompeter geprägt.
Und damit sei auf eine zweite Ebene der Trompetentechnik hingewiesen: die individuelle Spielweise.
Sicherlich liefert ein Blasinstrument durch sein Material und seine Konstruktion zunächst erst einmal die Grundlage für den Klangbildungsprozeß, doch hat der Musiker durch seine individuelle Lippenstellung, Anpreßdruck, Stärke des Luftstromes, Umgang mit den Ventilen und den Einsatz von Hilfsmitteln (Dämpfern) eine große Palette an Gestaltungsmöglichkeiten. So sagt man Bix Beiderbecke nach, er habe die Eleganz in den Klang der Trompete gebracht. Joe Smith dagegen blies eher „schwermütig, seelenvoll“, wie Fletcher Henderson, dessen Orchestermitglied Smith war, seinen Ton charakterisierte.
Eine andere Spielweise geht auf Rex Stewart zurück. Er drückte die Ventile oft nur halb nieder.
Duke Ellingtons Trompeter sagt man einen „growl“-Stil nach, und Roy Elldrige meinte zu seinem Trompetenton: „Ich spiele ein nettes Saxophon auf der Trompete“. Die wohl originellste konstruktive Veränderung seit der Einfüh-

rung des Périnet-Ventils ist mit dem Namen Dizzy Gillespie verbunden. Seine Trompete ist im auslaufenden Schallstück geknickt.
Buck Clayton und Harry Edisen gelten als die „mildesten", zartesten Trompeter unter den Swing Musikern usw. ...
Soweit einige Anhaltspunkte individueller Spielweisen im Jazz.
Kommen wir zum Rock. Es ist vielleicht eher mit persönlicher Neigung zu erklären, wenn sich einige Trompeter speziell im Rock einen Namen gemacht haben. Obwohl als der Trompeter des modernen Jazz hoch gelobt, erspielte sich Miles Davis auch in der Rockmusik einen guten Ruf. 1970 veröffentlichte Davis „Bitches Brew", eine LP aus einer Synthese von Naturinstrumenten, durchgängiger Percussion, elektromechanischen Instrumenten, studiotechnischen Effekten und eben seiner modernen Spielauffassung. Diese Produktion wird in der Rockmusik sogar als ein Abstoß zur Fusion zwischen Rock und Jazz betrachtet. Und das ist nicht mal verwunderlich, denn eine ausgesprochene Rock-Trompeter-Stilistik gibt es nicht.
Randy Brecker (Blood, Sweat & Tears) sagte einmal über das Trompetenspiel im Rock: „Trompetenspielen im Rock ist oft schwierig, weil du mit der Elektrizität zu kämpfen hast ... Gewiß sind Elemente des Jazz in den Rock eingegangen, aber Rockmusiker können immer noch nicht auf dem Niveau der Jazz-Leute improvisieren. Als Jazzmusiker fühlst du dich wie selbst; als Rockmusiker fühlst du dich wie ein Star."
Mit dem „königlichen Instrument" – wie die Trompete gern im Jazz charakterisiert wird – prägten Bill Chase und Lew Soloff (ebenfalls von Blood, Sweat & Tears) oder Lee Loughnane (Chicago) auch den Charakter ihrer Gruppen.
Abgesehen von wenigen solistischen Rock-Trompeten-Produktionen, wenn man kurze Melodiepassagen überhaupt so bezeichnen kann, wird die Trompete vor allem im

Verein mit Posaune und Saxophon oder im Trompetensatz einer Begleitband eingesetzt.

Plattenhinweis:

solistisch

Hi-Di-Ho	Blood, Sweat & Tears	AMIGA 855 734
Law of the Land	Temptations	Supraphon 113 1841/42
5 nach halb 7	Modern Soul Band	AMIGA 855 555
Penny Lane	Beatles	AMIGA 855 742
Siciliano	Ekseption	Supraphon 9116 0286
Race with the Devil	The Gun	Muza SXL 0773

im Satz

Got to get You into my life	Earth, Wind & Fire	AMIGA 855 788
25 or 6 to 4	Chicago	AMIGA 855 670

Posaune (tb)

Geschichtliches: Die Geschichte der Posaune ist eng mit der der Trompete verbunden. Als im 13. Jahrhundert die Trennung zwischen den hohen und tiefen Trompeteninstrumenten erfolgte, änderte sich zwangsläufig auch die Konstruktion der tieferen Instrumente. Aus der „S"-Form der Trompete wurde nach und nach die Parallel-Führung zweier Rohre, die über ein „U-Rohr" miteinander verbunden sind. Erste bildliche Überlieferungen stammen aus dem 16. Jahrhundert. Wann und wo der Posaunen-Zug entwickelt wurde, ist nicht bekannt. Das 15. Jahrhundert gilt als ein ungefährer Zeitpunkt dieser Erfindung.
Die Gestaltung des Schallstücks unterlag gewissen modischen Einflüssen. Zunächst noch mit bescheidenem Schallstückdurchmesser brachte die Renaissance dagegen Posaunen mit breit ausladenden Schallstücken hervor.
Im 16. Jahrhundert hatte die Posaune ihre „Hochzeit". Immerhin bildete man ganze Posaunenchöre mit: Diskant-, Alt-, gemeiner rechter Posaune, Quart-, Quint- und Oktavposaune. Mit dem 17. Jahrhundert reduzierte sich jedoch das Posaunen-Arsenal auf die heute üblichen Stimmlagen: Alt-, Tenor- und Baßposaune. Bis auf wenige Experimente – der Leipziger C. F. Sattler versah 1839 eine Baryton-Posaune mit einem Stellventil für die Baßlage, und 1816 entwickelte G. Weber eine Doppelposaune als Kontrabaßinstrument – hat sich die Posaunenform bis heute kaum verändert.
Im Zuge der Ventileinführung, um 1830, wurden auch Posaunen als Ventilinstrument (valvetrombone, vtb) gefertigt. Allerdings gilt diese Variante bis heute noch als recht stimmunsicher und wird trotz der größeren spieltechnischen Beweglichkeit nur von wenigen Posaunisten benutzt.

Im Jazz finden wir die Posaune zunächst als „geblasenen Kontrabaß“. Posaunen liefern nur die harmonischen Gerüste. Das Melodiespiel bleibt den Trompeten oder Klarinetten überlassen. In der Big Band wird die Posaune in einem Satz zusammengefaßt und stellt zusammen mit den Trompeten die „brass section“ dar.

Musiker: Kid Ory gilt als der erste Posaunist in der Geschichte des Jazz, der einen besonderen Stil prägte. Ory blies effektvolle, glissandoartige Zwischenspiele. Durch den gewissen Platz, den das ausladende Bewegen des Zuges erforderte, ging diese Spielweise als „tailgate“-Stil in die Jazzgeschichte ein.
Georgie Brunies von „New Orleans Rhythm King“ ist es zuzuschreiben, daß die Posaune allmählich ihrer Baß-Funktion entledigt wurde. Im dreistimmigen Dixielandsatz (tp, cl, tb) übernimmt sie nach und nach auch Melodieaufgaben.
Der erste Jazz-Musiker, der die Posaune als wirkliches Soloinstrument einsetzte, war Jimmi Harrison. Andere spieltechnische Vorbilder sind Jay Jay Johnson, ob seines weichen, ausdrucksstarken Tones und seiner Virtuosität, und Albert Mangelsdorf. Mangelsdorf gab dem Posaunenspiel eine neue Dimension. Er spielt „Akkorde“ auf dem Instrument, dabei bezieht er die Obertonreihen der geblasenen Töne zur Klangbildung direkt mit ein, indem er zum geblasenen Ton mitsingt und somit Obertöne zum Mitschwingen anregt. Durch diese „Spielartistik“ können bis zu fünf Töne gleichzeitig erklingen.
Einer der wenigen vergleichbaren Ventilposaunisten im Verein der hochklassigen Zugposaunisten ist Bob Broockmeyer. Er beherrscht die Schwächen dieser Instrumentenkonstruktion.
Den Rock-Posaunisten gibt es genauso wenig wie den Rock-Trompeter. Einsatz und Wirkung sind mit der Trom-

pete vergleichbar. Auch hier finden wir Posaunen vor allem in der jazz- und soulorientierten Rockmusik, und da kaum solistisch, sondern hauptsächlich im Satz. James Pankow (Chicago), Dick Halligan, Dave Bageron (Blood, Sweat & Tears), Michael Gilette (Tower of Power), Walt Fooler (The Mothers of Invention), Malcolm Hale (Spanky and our Gang), Sandor Hajdn (Bergendy), Dagobert Darsow (Modern Soul) sind einige Musiker, deren Namen mit Rock-Gruppen in Verbindung stehen.

Plattenhinweis:

Stadtgesicht	Reform	AMIGA 855 899
Über uns	Reform	AMIGA 855 899
Feelin' stronger every day	Chicago	AMIGA 855 670
God bless the Child	B, S & T	AMIGA 855 734

Saxophone (saxes)

Geschichtliches: Bereits 1807 hat Desfontanelles in Lisicus eine Klarinette mit zurückgelegtem Schnabel und aufgebogenem Schallstück gebaut. 1820 versah der Londoner Lazarus eine Superkontrafagott (Teneroon) mit einem Klarinettenschnabel. 1840 baute dann der Belgier Adolphe Sax ein völlig neues Instrument, das 1846 in Frankreich als Saxophon patentiert wurde.
Sax wollte mit seinem Instrument den Klang der Holzblasinstrumente in einem Blasorchester ‚fülliger' machen, was zunächst von französischen Blasorchestern ausgiebig genutzt wurde.
Um 1900 griff dann der berühmte Orchesterleiter John Philip Sousa die Erfindung auf und setzte verstärkt Saxophone für die Blasmusik ein.
1915 lassen sich erste Saxophone im Jazz nachweisen, und 1921 erschien das Saxophon zum ersten Mal auf Schallplatte (Friar's Society Orchestra).
Das Saxophon nahm im Jazz-Instrumentarium zunächst eine Außenseiterrolle ein. Die Ursachen dafür lagen in den fehlenden jazztypischen Spieltechniken. Bislang kannte man nur das Saxophon in der Blasmusik. Bedingt durch die spieltechnische Ähnlichkeit übertrug man erst einmal die Klarinetten-Erfahrungen auf das Saxophon. So ist es auch nicht verwunderlich, wenn am Beginn der Saxophone in Jazz und Rock das „Sopran" steht. Während in der Folge im Jazz alle Stimmlagen, also vom Sopran bis zum Bariton und auch Baßsaxophon eingesetzt werden sollten, stützt man sich im Rock hauptsächlich auf das Tenorsaxophon, eventuell noch auf das Altsaxophon. Sopran und Bariton oder gar Baß-Saxophon stellen die absolute Ausnahme dar und haben nur Effektbedeutung. Betrachten wir einmal die Entwicklung der Saxophone in Verbindung mit einigen Musikern.

Musiker: ***(Sopransaxophon, ss)*** Die Jazz-Geschichte kennt zu Beginn nur einen Saxophonisten, und das ist Sidney Bechet. Er war vielleicht der einzige seiner Zeit, der dem als intonationsunsicher verschrieenen Instrument damals schon jenen Reiz abgewinnen konnte, der dann im Modern Jazz wiederentdeckt werden sollte. Zunächst jedenfalls taten sich die Musiker schwer, die mitschwingenden Obertöne beim Spielen zu unterdrücken, um den Ton ‚rein' klingen zu lassen. Bechet griff zum Sopran, weil es kräftiger klang als die Klarinette und sich gegenüber dem „Blech" besser durchsetzte. Moderne Sopransaxophonisten benutzten es wegen seiner Eindringlichkeit und seines ‚schmutzigen' Klanges. Die spieltechnische und klangliche Linie läßt sich von Bechet über John Coltrane bis Wayne Shorter ziehen, und da sind wir beim Rock.
Obwohl Shorter ein Pendler zwischen Jazz und Rock ist, kann man ihn jedoch als Mitinitiator von Weather Report durchaus als Rocksaxophonisten bezeichnen. Er selbst sagte einmal über sein Spiel: „Ich versuche zu erreichen, was man den nackten Sound nennen möchte – anstelle einer schweren soliden Instrumentation." Und das ist ein Konzept, das sich hervorragend mit den elektronischen Klangkomponenten mischt.

(Altsaxophon, as) Die Geschichte des Altsaxophons begann erst in der Zeit des Swing. Namen wie Johnny Hodges, Benny Carter, Charlie Parker, Paul Desmond, Eric Dolphy stehen heute wegen ihrer Spielweise und ihres Tones für bestimmte Spielrichtungen. In den 60er Jahren haben sich vor allem jüngere Musiker zur Rockmusik bekannt. So zum Beispiel Elton Dean (Soft Mashine), Ian Underwood (Mother of Invention), Fred Lipsius und Lou Marini (Blood, Sweat & Tears), Graham Bond (Graham Bond Organisation).

Abb. 41. Piccolo-, Querflöte, Sopran-, Altsaxophon

(Tenorsaxophon, ts) Die „Lehrmeister“ des Tenorsaxophonspiels sind Coleman Hawkins und Lester Young. Hawkins prägte den voluminösen, sonoren, mit großem Vibrato versehenen Klang, und Young den vibratolosen, flachen, trockenen. Jazz-Experten führen alle nachfolgenden Tenorsaxophonisten immer wieder auf Hawkins oder Young zurück. Ben Webster, ein Hawkins-Schüler, entwickelte das krächzende, kehlige Vibrato-Spiel. Stan Getz, Jimmy Guiffre, Root Sims u.v.a. kamen von der Lester-Young-Schule. Namen wie John Coltrane und Charlie Parker stehen für das moderne, den natürlichen Klangumfang eines Tenorsaxophons sprengende Spiel. Coltrane drang zum Beispiel mit seinem „Tenor“ bis in die Bereiche des „Soprans“ vor. In der ersten Phase der Rockmusik, dem Rock'n'Roll, wurde das Tenorsaxophon zu einem der beliebtesten Melodieinstrumente. Der aufreibende, krächzende Klang paßte zu dieser Musik. Bis heute hat sich die zentrale Stellung des Tenorsaxophons erhalten. Es fügt sich durch seinen voluminösen und variablen Klang sehr gut in das Rockinstrumentarium ein und ist eine

Abb. 42. Tenorsaxophon

der häufiger anzutreffenden Blasinstrumentenklangfarben im Rock geworden. Selbst Gruppen, die ‚bläserlos' arbeiten, benutzen mitunter den Tenorsaxophonklang. Bei-

spiele finden wir bei den Beatles („Lady Madonna“), Rolling Stones („Miss you“), Dialog („Eigentlich“), Metropol („Und ich sehn' mich nach dir“).
Zur tragenden klanglichen Säule wird das Tenor wieder in jazzorientierten Rockgruppen. Hierzu einige Namen und Gruppen: Wayne Shorter (Weather Report), Dick Heckstall-Smith (Graham Bond Organisation), Wilton Lewis Felder (Crusaders), King Curtis, Dave Quincy (If), Klaus Doldinger (Passport), Johnny Griffin (Passport), Walter Parazaider (Chicago), Andrew Woolfolk (Earth, Wind & Fire), Johny Paris (Johny and the Huricans), Andrew Makkay (Roxy Music).

(Baritonsaxophon, bars) „Kein Bariton-Spieler sollte Angst vor dem Lärm haben, den sein Horn macht.“ Mit diesen Worten charakterisierte Pepper Adams sein Instrument. Am Anfang der Bariton-Geschichte steht der Name Harry Carney. Bereits mit 16 Jahren, 1926, kam Carney in das Duke-Ellington-Orchester. Das Bariton fügte sich sehr gut in den Saxophonsatz ein, und repräsentierte die Baßstimme. Solistisch finden wir es erst am Beginn des Modern Jazz bzw. vereinzelt schon zu Zeiten des „Bop“. Eine gewisse spieltechnische Vorbildwirkung lösten Serge Chaloff mit seinem unruhigen, expressiven Spiel und Gerry Mulligan, der kühl, geglättet spielt, aus. Im Vergleich zu den anderen Saxophon-Typen spielt das Bariton im Rock keine Rolle; es kann bei einigen Saxophonisten wie Jimmy Guiffre, Ian Underwood, Trevor Koehler, Euclid Sherwood, Louis Hoff (Ten Wheel Drive) als gelegentliches Nebeninstrument angesehen werden.

Plattenhinweis:
Sopran

Harlequin	Weather Report	Supraphon 11152490 CD

Alt		
Baker Street	Gerry Rafferty	Pepita-Favorit SPSK 70354
Bis an's Ende der Welt	Puhdys	AMIGA 855 755
Tenor		
Eigentlich	Dialog	AMIGA 556 049
Big Blonde Baby	Chas and Dave and Friends	MUZA SX 1530
Satz (2 tp, as, ts)		
Sir Duke	Stevie Wonder	AMIGA 456 291

Flöte (fl)

Geschichtliches: Die in der musikalischen Praxis übliche Bezeichnung „Flöte" meint eigentlich die Große Flöte bzw. auch Querflöte (flauto traverso). Doch am Beginn der Flötenentwicklung stand eine ganz andere, die Blockflöte. Bereits im 11. Jahrhundert kannte man sie in Frankreich. Über Nordafrika kam sie nach Südwesteuropa.
Die alten Blockflöten waren stabartig aus einem Stück gedrechselt. Zwischen dem 16. und 18. Jahrhundert existierten Blockflöten in allen nur denkbaren Stimmlagen. Die Palette reichte von der „Klein Flötlein" (f^2–h^3) bis zum „Großbaß" (F–d^1). Mitte des 18. Jahrhunderts wurde die Blockflöte durch die Querflöte verdrängt. Doch bereits 1576 waren im Inventar der Stuttgarter Hofkapelle ausdrücklich „35 Stück Querflöten" gefordert. Aus der ursprünglich in einem Stück gefertigten Soldatenpfeife wurde in der zweiten Hälfte des 17. Jahrhunderts ein dreiteiliges Instrument. Um 1730 brachten Quantz und Tromlitz zur Spielerleichterung und Tonverbesserung verschiedene Klappen an. Äußerlich wurde aus der zylindrischen Flöte eine konische, die sich vom Anblasloch zum Fußende verengt.
Die moderne Große Flöte, wie wir sie heute kennen, geht zurück auf Th. Böhm. Böhm fertigte 1832 erstmals Löcher, die nicht nach der Greifbarkeit, sondern nach akustischen Erfordernissen angeordnet waren. 1847 setzte er ebenfalls ein konisches Rohr ein, das eine bessere Intonation zur Folge hat. Querflöten werden als Piccolo-, Alt- und auch Baßflöte gebaut.

Musiker: Im Jazz findet man die Flöte erst in den 30er Jahren. 1933 hat Waymann Carver mit dem Benny-Carter-Orchester in „Devil's Holiday" eine Flöte für eine Plattenaufnahme eingesetzt. Daneben sind gelegentliche Flöteneinsätze nur noch vom Orchester Chick Webb bekannt. Erst in den 50er Jahren schien das Instrument richtig entdeckt worden zu sein. Neben Jerome Richardson machten Frank Wess und Bud Shank das Instrument bekannt. Musiker wie Leo Wright, Herbie Mann, Roland Kirk, Jeremy Steig und Hubert Laws verhalfen der Flöte im Jazz zur Geltung. Hubert Laws hat nun wiederum einen Rockmusiker inspiriert, der die Flöte zu einem Rockinstrument machte: Ian Anderson. Er führte die Flöte nicht als das traditionell

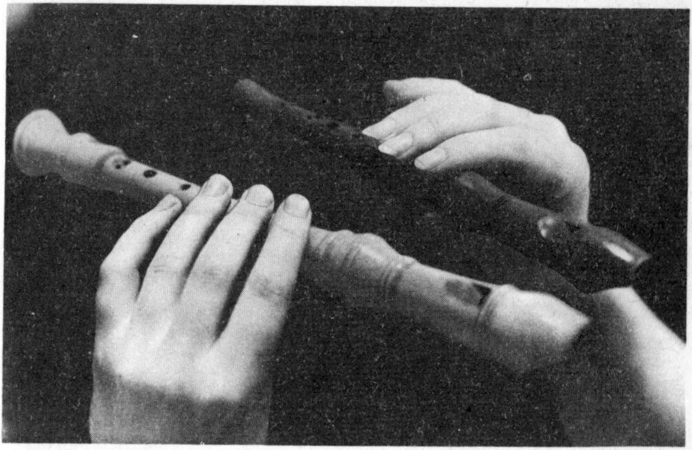

Abb. 43. Diskant-, Sopranblockflöte

geblasene Instrument ein, sondern überblies es – also gebrauchte mehr Luft als für die Tongebung erforderlich war – und sang zum geblasenen Ton mit. Die eigenwillige Klangmischung aus dem natürlichen Flötenton und den Nebeneffekten wurde zum Markenzeichen für die Rock-Flöte. Anderson ist so etwas wie der „Vater der Flöte" in der Rockmusik. Seiner Spielweise folgten mehr oder weniger alle anderen Rock-Flötisten, die jedoch meist Multiinstrumentalisten sind. Meist kamen sie vom Saxophon und verwendeten die Flöte als Zweitinstrument. Das ist keine

Wertschätzung, sondern hat etwas mit der klanglichen Flexibilität in der Rockmusik zu tun.
Neben Ian Anderson (Jethro Tull) sind als Flötisten in der Rockmusik bekanntgeworden: Bernd Aust (electra), Dick Remelink (Ekseption), Walter Parazaider (Chicago), Howard Shore (Lighthouse), Ian McDonald (King Crimson), Phil Shulman (Gentle Giant), Charles Miller (War), This van Leer (Focus), Jeremy Steig (Jeremy and the Satyrs, 1967; eigentlich Jazz-Musiker), Herold McNair (Begleitgruppe von Donovan, Ginger Baker's Air Force), Barry Hay (Golden Earing), Louis Hoff (Ten Wheel Drive).
Als Beginn für den Flöteneinsatz in der Rockmusik kann der Titel „Fool on the Hill" (Beatles, 1967) angesehen werden. Paul McCartney gab mit seinem Block- und Querflötenspiel dem Titel einen besonderen Effekt. So finden wir zwischen 1968 und 1970 noch einige Gruppen, die ähnlich wie die Beatles Flöten einsetzten: Anthony Heliwell (The Alan Brown), Clive Burrows (Alan Price Set), Nick Graham (Atomic Rooster).

Plattenhinweis:

Boureé	Jethro Tull	AMIGA 855 666
Türkischer Marsch	electra	AMIGA 855 501
Variationen auf ein Thema von Eric Satie	B, S & T	Supraphon 1130995
Morgendämmerung/Herzallerliebstes Mädel	Passion	AMIGA 855 805
Drachensegler	dialog	AMIGA 456 558

Mundharmonika ***(harm, m-harm, mo)***

Geschichtliches: Die „Mundi", wie Musiker dieses Instrument gern nennen, wurde 1821 von Friedrich Buschmann in Berlin erfunden und hieß zunächst „Mundäoline" bzw. „Aura". Das Prinzip der durchschlagenden Zungen (Abb. 34), das wir auch von der Maultrommeı ner kennen, ist bei der Mundharmonika auf kleine Metallzungen übertragen worden, die in einem kleinen Holzkästchen untergebracht sind. Die Anzahl dieser kleinen Metallplättchen (Stimmen) liegt zwischen 6 und 128. Je nach Blastechnik, Saugen oder Blasen, werden unterschiedliche Töne erzeugt. Der Spieler kann nun durch Verschließen mit der Zunge Öffnungnen, die nicht zum beabsichtigten Ton gehören, verdecken. Mundharmonikas existieren als diatonische, chromatische und als „Chromatica"-Instrumente; wobei die Chromatica eine Sonderform ist, mit der nur durch einen Halbton getrennte Tonarten (z. B. C- und Cis-Dur) miteinander gekoppelt werden können. Wie fast alle Blasinstrumente werden Mundharmonikas in verschiedenen Stimmlagen gefertigt. Mitunter findet man auch Kopplungen mehrerer Instrumente, so daß der Spieler das Instrument nur zu drehen braucht, um in einer anderen Tonart oder Stimmlage zu spielen.
Durch ihre preiswerte und einfache Herstellung sowie durch das leichte Erlernen des Instruments ging die Mundharmonika in die Jazz-Geschichte als „Harfe des Blues-Sängers" ein.

Musiker: Die Mundharmonika ist mit vielen Namen großer Blues-Musiker verbunden: Sonny Terry, Sonny Boy Williams, Junior Wells, Big Walter Horton, Dr. Ross u. a. Aber auch Jazzmusiker beschäftigten sich mit diesem Instrument, so gilt heute der Belgier Toots Thielemans als einer der besten Mundharmonika-Spieler, und auch die Saxo-

phonisten Lee Konitz und Stan Getz erregten mit ihrem Spiel Aufsehen.
Durch die im Blues verwurzelte Tradition gehört die Mundharmonika auch zur Rockmusik. Bob Dylan, Paul Butterfield, John Mayall, Alexis Korner, Stevie Wonder, Taj Mahal, Bruce Springsteen, James Cotton, Lee Oscar, Bob Hite, Al Wilson (Canned Heat) sind einige der auffälligsten Mundharmonika-Spieler im Rock.

Plattenhinweis:

Bob Dylan's Blues	Bob Dylan	AMIGA 855 680
Oh, wie würd' ich euch beneiden	Jürgen Kerth	AMIGA 855 860
The Boxer	Simon & Garfunkel	AMIGA 855 684
And when I die	B, S & T	Supraphon 1130995

Saiteninstrumente

„Wer sich anderer wichtiger Geschäfte halber mit der Musik nicht lange abgeben kann und doch manchmal einen Choral oder ein Volkslied begleiten möchte, dem empfehlen wir dies Instrument (Gitarre, d. A.) vor allen anderen.“
(Christian Friedrich Daniel Schubart, 1739–1791)

Allgemeines: Wenn es ein Instrument gibt, ohne das die Rockmusik nicht auskommen würde, so wäre es die Gitarre. Mit ihr verbinden sich Virtuosität und Klangrevolution, interessante technische Veränderungen, und sie ist Bindeglied zwischen den Naturinstrumenten und der Elektronik. Kaum ein anderes Instrument wird in der Rockmusik so viel benutzt und beherrscht. Mit wenigen Akkorden lassen sich Lieder begleiten, und mit diversen Zusatz-Effekten und Verstärkern können wahre Klang-„Orgien“ erzeugt werden.
Doch die Gruppe der Saiteninstrumente umfaßt ja mehr als nur die Gitarre. Und schon der Rock'n'Roll deutet darauf hin, daß Rockmusik nicht nur Gitarre heißt. In den 50er Jahren waren es Klavier und Kontrabaß, die zusammen mit der Gitarre das rhythmische und harmonische Fundament lieferten. Wenn auch der Kontrabaß der Baß-Gitarre weichen mußte, so blieb doch das Klavier – trotz Elektrifizierung und Elektronisierung – eben das Klavier, der unerreichte Klang.
Oder wie Carl Phillip Emanuel Bach in seinem „Versuch über die wahre Art Klavier zu spielen“ schrieb: „Das Fortepiano unterstützt am besten eine Ausführung, wo die größten Feinigkeiten des Geschmacks vorkommen“.
Alle anderen Saiteninstrumente spielen in der Rockmusik eine Begleit- und untergeordnete Rolle. Heraus fällt höch-

stens die Violine. Kontrabaß, Viola oder Cello sind die Exoten im Rock-Saiteninstrumentarium. Es gibt nur wenige Spezialisten, die sich mit ihren traditionellen, typischen Orchesterinstrumenten im Rock einen Namen machten. So ist es auch nicht verwunderlich, daß – wenn einmal ihr Klang gefordert ist – Musiker der „ernsten Kategorie“ verpflichtet werden. Einen besonderen Aufschwung bekamen und bekommen zuweilen noch „Streicher“, wenn Rockmusiker darangehen zu adaptieren bzw. gemeinsame Kompositionen für Rockgruppen und sinfonische Besetzung zu schreiben. Bekannt dafür sind Deep Purples „Gemini Suite“ (1970) und „Concerto for Group and Orchestra“ (1969) und auch „Weißes Gold“ (1978)

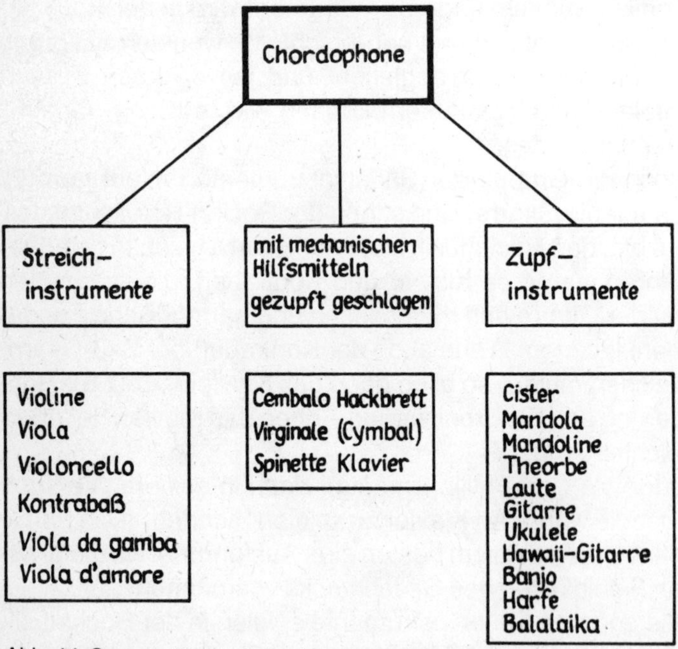

Abb. 44. Systematik der Saiteninstrumente

von Stern Meißen. Ansonsten beschränkt sich die Rolle der Streichinstrumente auf eine „Background"-Funktion. Selbst das „Electric Light Orchestra", das bekanntermaßen mit Cello und Geige bestückt ist, verarbeitet lediglich die „Naturklänge". Das Klangergebnis ist, trotz elektronischer Verfremdung, nicht minder reizvoll.

Systematik und Wirkungsweise: Saiteninstrumente werden durch in Schwingungen versetzte Saiten zum Klingen gebracht. Je nach Art dieser Schwingungserzeugung läßt sich diese Instrumentengruppe unterteilen (Abb. 44).

a) gestrichen mit Bogen

Beispiel:
Violine
Kontrabaß
Violoncello

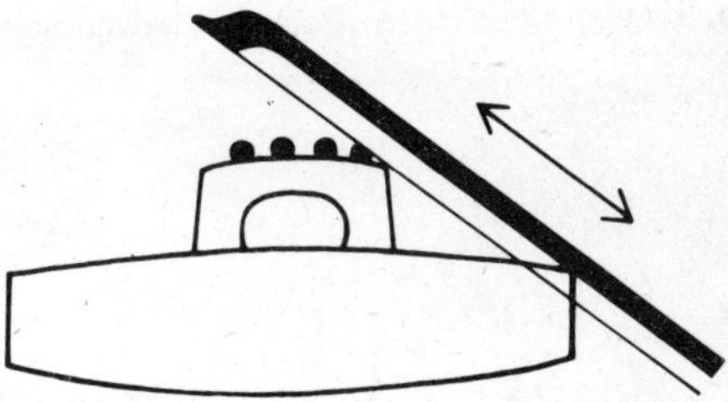

Abb. 45. gestrichen mit Bogen

b) mechanisch gezupft
Beispiel:
Cembalo

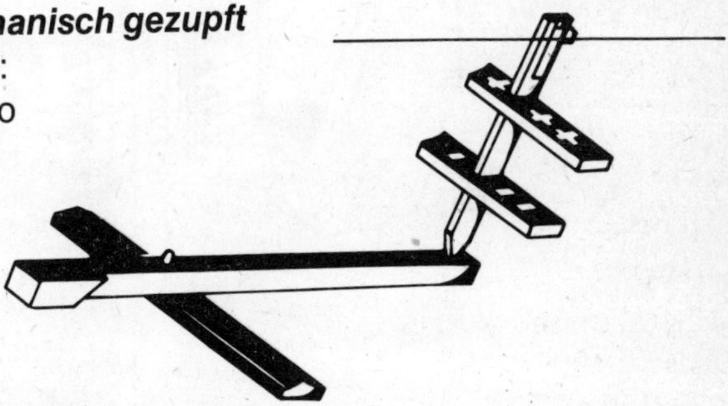

Abb. 46. mechanisch gezupft

c) mechanisch geschlagen

Beispiel:
Klavier

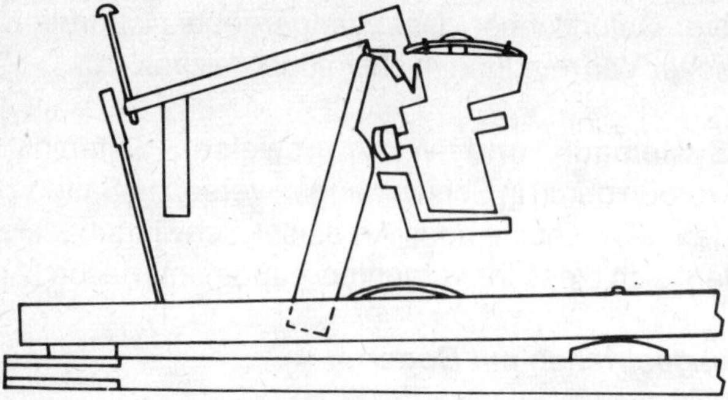

Abb. 47. mechanisch geschlagen; (Beispiel: alte englische Stoßmechanik)

d) gezupft

Beispiel:
Gitarre
Violine
Kontrabaß

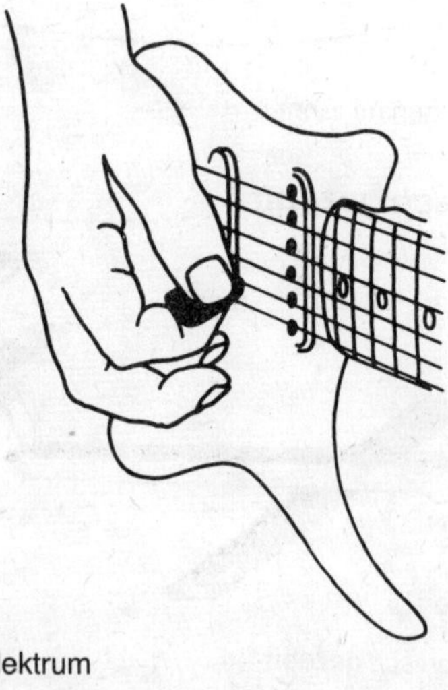

Abb. 48. gezupft mit Plektrum

Violine, Violoncello, Kontrabaß *(v, vc, b)*

Geschichtliches: Die Violine ist eine Entwicklung aus der „Viola da braccia“, einem Instrument, das mit dem Arm in Schulterhöhe gehalten wurde. Doch lassen sich vielfältige Violinen-Vorstufen bis ins 11. Jahrhundert zurückverfolgen. Da gab es 2- bzw. 3saitige Konstruktionen mit birnenförmigem Korpus, Wirbeln, Sattelkopf, Hals und Wirbelkasten. Im 15. und 16. Jahrhundert existierten Fideln mit einer 5- bis 7-Saitenbespannung, wobei zwei Bordunsaiten mitschwangen, die Tanzmeistergeige (Pochette) – eine schmale Geige, die tatsächlich in eine Rocktasche paßte – und andere Violen-Instrumente, die nach ihrer Spielhaltung unterschieden wurden.
Im 16. Jahrhundert erschien in Oberitalien dann die Violine als vollentwickeltes Instrument. Bescia und Cremona wurden zu Zentren und Entwicklungsstätten des Violinenbaus. Dort entstanden im 17. und 18. Jahrhundert die heute noch gültigen Violinenmaße. Namen wie Amati, Stradivari, Guaneri, Ruggiero, Stainer, Klotz stehen für die besten Violinen, die jemals gebaut wurden bzw. dienten später als Maßstab für andere Instrumentenbauer.
Etwas zur Tonerzeugung, zum Bogen. Die heute gebräuchliche Bogenform geht zurück auf das 17. Jahrhundert. Die Stange besteht aus Pernambukholz und die Bespannung aus Roßhaaren (ca. 150 bis 250 Einzelhaare). Bis zum 18. Jahrhundert wurde die Spannung der Haare noch mit dem Daumen reguliert. 1820 entwickelte Tourte eine mechanische Vorrichtung zum Spannen, die im Frosch des Bogens verankert ist. Übrigens: Schon seit dem 13. Jahrhundert strich man die Bogenhaare zunächst mit Harz und dann mit Kolophonium ein, damit die Roßhaare besser die Saiten greifen.
Das Violoncello konnte sich erst in der zweiten Hälfte des 18. Jahrhunderts gegenüber den Gamben durchsetzen,

obwohl bereits 1689 Domenico Gabriells Ricecari speziell für das Cello komponierte. Um 1800 wurde der Stachel bzw. Dorn zum Abstützen des Instruments eingeführt.

Der Kontrabaß steht technisch gesehen zwischen den Gamben und Violinen. Sein flacher, zum Hals hin abgeschrägter Boden erinnert an Gamben und die „F-Löcher" sowie das bundlose Griffbrett dagegen an Violinen. Berühmte Kontrabässe mit gigantischen Ausmaßen sind heute noch in Museen zu sehen. So steht im Londoner South Kensington Museum der „Giant" bzw. „Goliath" mit einer Höhe von 2,47 m. Und im Musikinstrumentenmuseum in Markneukirchen ist ein Riesenexemplar mit einer Höhe von 2,30 m und einer Korpushöhe von 1,40 m zu bestaunen. Die untere und obere Breite des Korpus beträgt 80 bzw. 90 cm.

Im Rock und im Jazz haben Instrumente dieser Gruppe unterschiedliche Gewichtung. Während sich die Violine in beachtlichem Maße einen Platz im Rock erkämpft hat, sind Cello und Kontrabaß die Ausnahme.

Abb. 49. Violine mit akustischem Spezialtonabnehmer

Musiker: ***(Violine)*** Das Zeitalter der Jazzgeiger brach etwa Ende der 60er Jahre an. Zwar hatte Stephane Grapelly, der „Grandseigneur der Jazzgeige", schon 1934 in Django Reinhards „Hot Club de France" die Violine jazzwürdig gemacht, doch blieb er zunächst einer der wenigen Jazz-Violinisten. Der 1942 geborene Franzose Jean-Luc Ponty leitete dann die elektrifizierte Geigen-Epoche ein. Diese Spielweise war mit dem traditionellen Spiel nicht mehr vergleichbar, doch paßte diese „Elektrifizierung" recht gut in die Klangvorstellungen der 60er Jahre. Allerdings bedeutete das auch konstruktive Veränderung. An den Resonanzboden wurden Kontaktmikrofone angebracht bzw. sogenannte Solidbody, körperlose Instrumente, gebaut.

Abb. 50. Violine gezupft

Geiger wie Jerry Goodman (Mahavishnu Orchestra), Sid Page (Sly and the Family Stone), Richard Green (Blues Projekt), Georgi Gogow (City, NO 55), Hans Wintoch (Reform, Kleeblatt), Rick Grech (Ginger Baker's Air Force), Shorty Lavender (Mother Earth), Mik Kaminski (Electric Light Orchestra), Peter Knight (Steeleye Span), Ulrich Schroedter (dialog) berechtigen, von einem typischen Rock-Geiger zu sprechen.

Wenn von Violinen die Rede ist, dann muß auch „Yesterday" von den Beatles erwähnt werden. Es mag wohl das erste Stück in der Rockmusik gewesen sein, das auf ein Streichquartett, also Violinen, aufbaute. In der Folge finden wir noch eine Vielzahl von Kopplungen zwischen Streichern und Rockmusikern, die allerdings mehr Arrangementeffekt als Eigenständigkeit darstellten.

(Violoncello) Von einem eigenständigen Violoncello-Einsatz in der Rockmusik kann man nicht sprechen. Hier ist es meist die Kopplung in Orchestern mit anderen Streichinstrumenten. Selbst im Jazz sind Violoncellisten rar. Eberhard Weber, Oscar Pettiford oder Fred Katz dürften die bekanntesten sein. In der Rockmusik sind nur Hugh McDowell, Melvyn Gale (Electric Light Orchestra), Jack Bruce (Cream), Sonny Thet (Bayon) und Ulrich Swillms (Karat) mehr oder weniger solistisch hervorgetreten.

(Kontrabaß) Der Kontrabaß spielt in der Rockmusik keine Rolle, obwohl einige Spieltechniken aus dem Jazz in modifizierter Form auf die Baßgitarre übertragen wurden. Darüber hinaus ist es auch einigen Jazz-Bassisten zu verdanken, daß dieses reine Begleitinstrument sich emanzipieren konnte, d. h. dank des spielerischen Könnens einiger Musiker gleichberechtigt neben den großen Soloinstrumenten stehen kann.

Eigentlich ist der Kontrabaß das ungeliebteste unter den Instrumenten. Allein die Größe und die Spieltradition – Baß spielten meist nur die schlechtesten Musiker oder gar Schüler – mögen der historische Nährboden für seine Hin-

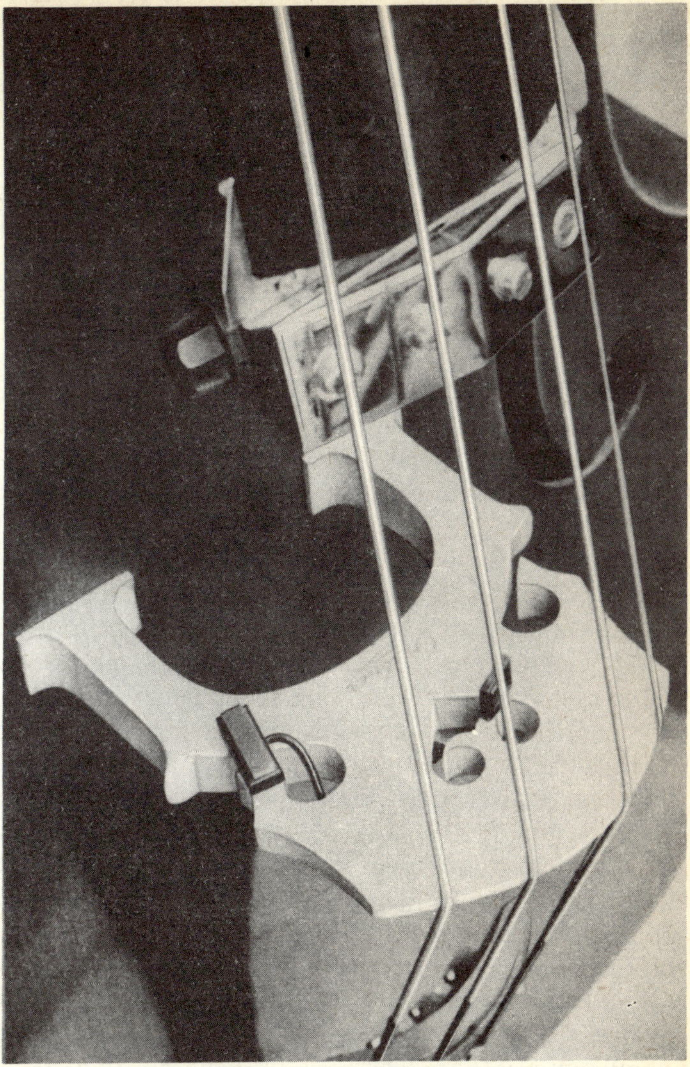

Abb. 51. Kontrabaß mit akustischem Tonabnehmer (am Steg befestigt) und induktivem Tonabnehmer (am Griffbrettende unter den Saiten)

tergrundrolle gewesen sein. Hinzu kommt sein, im Vergleich zu den Bläsern, schwacher Klang und der physiologische Nachteil unserer Ohren, die tiefe Frequenzen nicht lokalisieren, sprich ungenau unterscheiden können. Als Streichinstrument wurde der Baß zunächst auch im Jazz behandelt. Doch da passierte Bill Johnson 1911 das Mißgeschick: Ihm brach der Bogen. Also mußte er die Saiten mit den Fingern anreißen und kreierte damit die neue Baß-Spielweise. Inwieweit es tatsächlich so war, sei dahingestellt. Jedenfalls erfüllt der gezupfte Baß weitaus besser seine harmonisch-rhythmische Funktion. Er wird beweglicher und rhythmisch präziser. Seinen Soloeinsatz verdankt der Kontrabaß Jimmy Blanton. Zusammen mit dem Gitarristen Charlie Christian (1939) und dem Duke-Ellington-Orchester (1940) schloß er diese Seite des Basspiels auf.

Pops Foster dachte sich noch etwas anderes aus, die „slappin"-Technik. Bei dieser Spielweise wird die Saite so stark angerissen, daß sie auf das Griffbrett schlägt. Und das gibt einen eigenwilligen klatschenden, markanten Klang. Eine Technik, die bei den Baßgitarristen wieder auftauchen sollte, ist sie doch Ausdruck einer hohen Intensität und rhythmischen Prägnanz.

In der Rockmusik finden wir den Kontrabaß vor allem in der Zeit zwischen 1953 und 1955. Meist konventionell gespielt, also ohne elektroakustische Verstärkung in der Big-Band-Manier, gibt es nur wenige Bassisten, die namentlich heute noch bekannt sind: Bill Black (Begleitmusiker von Elvis Presley), der Studiomusiker Marcus van Story oder Al Rex (Comets, Bill Haley Begleitgruppe). Als 1962 die irische Gruppe „The Bachelors" noch mit einem Kontrabaß auftauchte, wurde sie belächelt. Die Baßgitarre hatte inzwischen den Kontrabaß verdrängt.

Trotz der Baßgitarre tauchen ab und an doch Kontrabässe im Rock auf. So benutzten „Police" und die „Straight Cats"

Abb. 52. Solidbody-Kontrabaß

einen elektrisch verstärkten Baß, und bei Blood, Sweat & Tears finden wir in „Valentine Day" ebenfalls einen Kontrabaß. Ebenso nimmt Stanley Clarke als Kontrabassist und Baßgitarrist eine Ausnahmestellung ein. Er steht auch mit dem Kontrabaß zwischen Rock und Jazz.

Plattenhinweis:

Violine		
Am Fenster	City	AMIGA 855 586
Dawn	Mahavishnu Orchestra	AMIGA 855 686
Violine/Viola/Cello		
Power of love	Mahavishnu Orchestra	AMIGA 855 686
Yesterday	Beatles	AMIGA 855 383
Violine/Cello		
Last Train to London	Electric Light Orchestra	AMIGA 855 722
Kontrabaß		
Yellow Fields	Eberhard Weber	AMIGA 855 474
Love Me Tender	The Platters	OPUS 91130299

Gitarre *(g)*

Geschichtliches: Die Herkunft der Gitarre ist bis heute noch nicht eindeutig geklärt. Fest steht: Sie ist etwa seit dem 13. Jahrhundert im europäischen Raum bekannt. Man nimmt aber an, daß bereits im 8. und 9. Jahrhundert arabische Einwanderer gitarren-ähnliche Instrumente nach Spanien brachten. Zu den Vorfahren der Gitarre gehören die „Vihuela d'arco", die gestrichene Fidel; die „Vihuela de peñola", ein mit einem Plektron gespieltes Gitarreninstrument und die „Vihuela de mano", ebenfalls ein gezupftes Gitarreninstrument mit gewölbtem Boden, eine Instrumentenform, die in die Gitarrengeschichte auch als „Wölbgitarre" einging. Diese Gitarren-Vorfahren waren noch mehrchörig bzw. mit 5 bis 7 Saiten bespannt. Im 18. Jahrhundert wurde der Saitenbezug einchörig und durch eine 6. Saite erweitert. Ende des 18. Jahrhunderts kam es in Deutschland zu einer wahren „Gitarren-Welle". Die Gitarre wurde zum Modeinstrument, und die „Wandervogelbewegung" (um 1900) verstärkte noch die Liebe zu diesem Instrument.

Musiker und Konstruktionen: Zu Beginn der Blues-Geschichte war die Gitarre neben dem Banjo das einzige Begleitinstrument. Spieltechnisch gesehen wurde sie jedoch nur als Akkordinstrument benutzt. Erst Musikern wie Eddi Durham und Charlie Christian (1937) ist es zu verdanken, daß aus der „Schrumm-Technik" die „Single-String-Technik" (Einzelsaiten-Technik), also das Melodiespiel, wurde. Freddie Green vom Count-Basie-Orchester schuf dann die bis heute noch übliche Synthese aus Akkord- und Melodiespiel, und mit Django Reinhardt und seinem „Hot Club de France" war – wenn es auch gewagt klingt – das Modell heutiger Rockgruppen gegeben. Nicht nur die Besetzung, drei (!) Gitarren, Baß und Violine, sondern auch

Abb. 53. 12-Saiten-Vollresonanzgitarre (hier nur mit 6 Saiten bespannt!)

eine gewisse Funktionsteilung (Rhythmus und Melodie) und wiederum die Vereinigung von Melodie- und Rhythmus-Spiel lassen Parallelen zur Rockmusik zu.

In den 30er Jahren griffen noch einmal wesentliche kon-

struktive Veränderungen in die Gitarrenentwicklung ein. Und da spielen die Namen „Gibson“, „Fender“ und „Les Paul“ eine Rolle. Doch gehen wir chronologisch vor.
Der Gitarrist Lester Paul Polsfuss – in den 40er Jahren war er unter dem Namen Rhurbarb Red bekannt – bastelte, um seinen Sound zu verbessern, an einem neuen Gitarren-Typ. Zusammen mit der Gitarrenfirma „Epiphone“ entstand dann um 1941 „The Long“, eine Gitarre, die so etwas wie ein Vorläufer der Solidbody-Instrumente werden sollte. Das Zeitalter der „Brettgitarren“ (welch häßliches Wort) war damit eingeläutet. Allerdings war dieser „Polsfuss-Gitarre“ zunächst nur privater Erfolg beschieden.

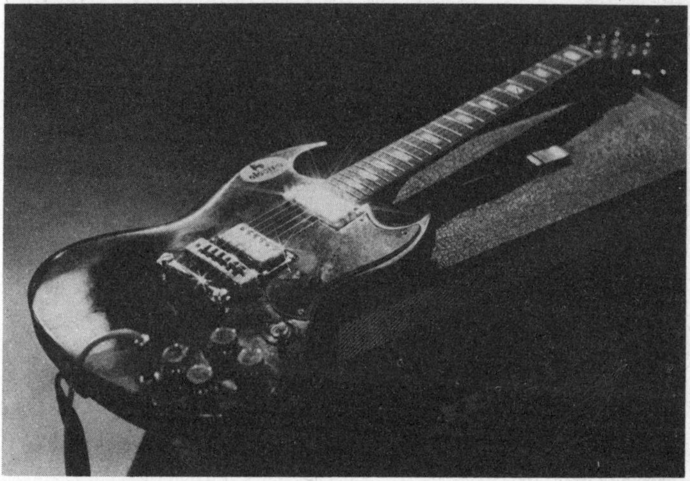

Abb. 54. Solidbody-Gitarre

Weitaus mehr Glück hatte Leon Fender. Er präsentierte bereits 1948 die „Broadcaster“, ein Instrument, das später unter dem Namen „Telecaster“ bzw. Stratocaster Fender-Gitarren weltberühmt machen sollte. Und zur gleichen Zeit stellte Paul Bigsby ebenfalls eine Massivholzgitarre vor. An Les(ter) Paul dachte keiner mehr, und die renommierte

Gitarrenfirma „Gibson“ sträubte sich sogar, ihren guten Ruf für die ‚simpel‘ anmutenden Brettgitarren herzugeben. Doch der Trend zwang „Gibson“-Chef Ted McCarty zum Umdenken. Zwischen 1950 und 1966 entwickelte er eine der wichtigsten Solidbody-Gitarren, die „Les Paul“. Damit setzte er L.P. Polsfuss nachträglich ein Denkmal, wenn auch nicht ganz freiwillig. Polsfuss bestand nämlich darauf, daß seine für einige Jahre auf Eis gelegte Gitarren-Erfindung, die „Gibson“ nun verwendete, mit dem Schriftzug „Les Paul“ versehen wird, und das wurde vertraglich besiegelt.
Wenn sich auch die späteren Brettgitarren äußerlich und in der Technologie wandelten, so blieb doch die Paul-Grundkonzeption erhalten und die war: Auf einem Massivholzteil sind zwei Tonabnehmer und ein Saitenhalter befestigt. Daran angeleimt ist ein vorgefertigter Hals. Damit das Ganze gitarrenähnlicher aussieht, sind zwei hohle Seitenteile mit „F-Löchern“ aufgeschraubt, die jedoch nur Zierrat sind und mit dem Klang nichts zu tun haben. „Gibson“ hat diese Idee nun weiterentwickelt, z.B. eine neuartige Saitenhalterung mit Steg (Trapez) eingeführt. „Les Paul“-Gitarren sind heute die Stradivaris unter den E-Gitarren. Offiziell erschien die erste „Les Paul“ 1952. Als besonders gute Jahrgänge gelten die 1953 und 1957 gebauten „Stratocaster“-Modelle von Fender und die 1959er „Les Paul“ von Gibson.
Lassen sich im Jazz jener Jahre einige hervorragende Musiker nennen (Kenny Burell, Elmore James), spielen Rock-Gitarristen bis 1955 kaum eine Rolle. So fand Scotty Moore (Gitarrist der Presley-Begleitgruppe) kaum Beachtung, obwohl Kritiker ihn hoch lobten, oder sie blieben, wie Chet Atkins und Ry Cooder, in der anonymen Studiowelt. Erst Carl Perkins, der u.a. die Rock'n'Roll-Klassiker „Blues Suede Shoes“, „Matchbox“, „Honey Don't“ schrieb, wurde von seiner Plattenfirma als „The Rockin'

Guitar Man" angepriesen und somit den Vocalisten gleichgestellt. Zu den ersten, als Rockgitarristen angesehenen Musikern gehörten weiterhin Buddy Holly, Bob Montgomery und vor allem Chuck Berry.
Zurück zu den Gitarrenkonstruktionen. Eine gewisse konstruktive Zwitterstellung zwischen den Solidbody-Gitarren und den traditionellen Gitarrenformen nehmen die „Plektrum-Gitarren" (Schlaggitarren) ein. Auffällige Äußerlichkeiten sind die flache Zarge (daher auch der Name ‚Halbresonanz-Gitarre'), der große Unterbügel und der kleinere Oberbügel.
Ähnliches trifft auch auf die Baßgitarre (auch Gitarrbaß genannt) zu. Die Mischung besteht hierbei aus Kontrabaß und Gitarre. Zwar kannte man schon Baß-Gitarren zu Zeiten der Wiener Schrammeln – hier waren parallel zu den 6 üblichen Griffsaiten noch 7 mitschwingende Baßsaiten in chromatischer Stimmung A_1 B_1 H C Cis D Dis angebracht – doch für die eigentlichen Baßgitarren bedurfte es noch einiger technischer Entwicklungen. Und diese lagen nicht zuletzt im Verstärker- und Lautsprecherbau. Tiefe Frequenzen benötigen andere Wandler und Boxen, um klanglich zu befriedigen. Viele Musiker beklagten zu Zeiten, als die E-Gitarre schon in voller Blüte stand, daß der E-Baß technisch-elektrisch und ausdruckslos klänge. Das hatte zwar seine Ursachen in der noch unzureichenden Übertragungstechnik, war aber auch durch die Spieltechnik bedingt.
Die ersten wirkungsvollen Baßgitarren baute 1951 „Fender" (später bekannt als Fender-Precision bzw. Fender-Jazz-Baß) und Anfang der 60er Jahre „Gibson". Dieses Instrument, die „Arch Top", war oben gewölbt, erinnerte in der Form noch an den Kontrabaß und war aus Massivholz gefertigt. Stuart Sutcliffe, der erste Beatles-Bassist, spielte auf solch einem Instrument. Eine gewisse Weiterentwicklung brachte zu jener Zeit „Fender" heraus. Einer der er-

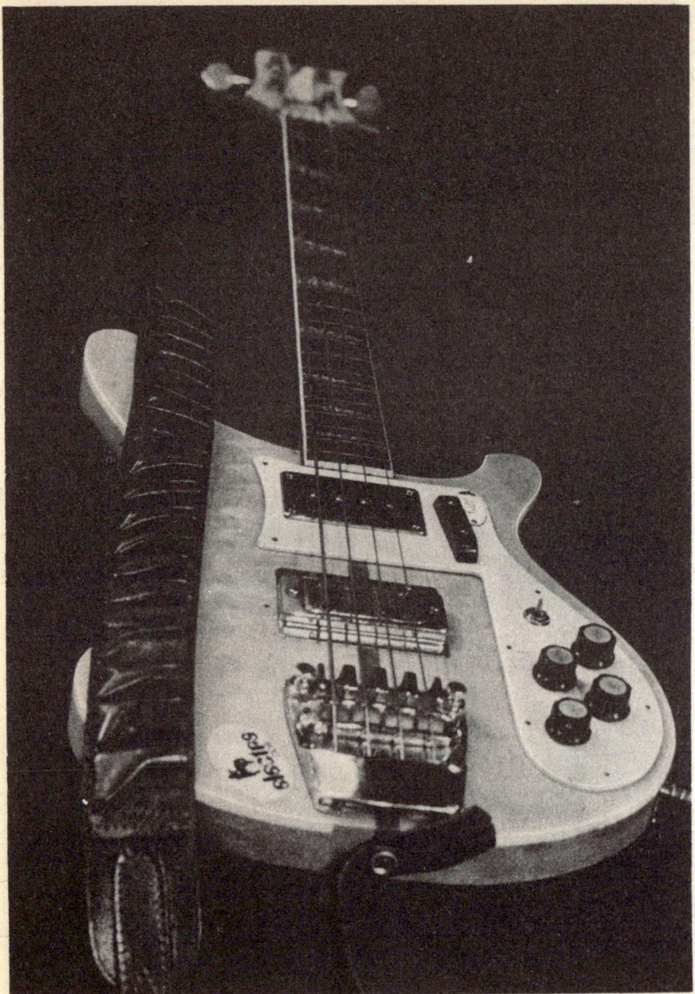

Abb. 55. Baßgitarre (E-Baß)

sten Benutzer dieser klanglich besseren und brettähnlichen Form war Donald „Duck“ Dunn (Booker T. & The MG’s). Spieltechnisch gesehen begannen sich aber erst nach und nach Musiker auf diesem Instrument zu profilie-

ren. Meist von der Gitarre kommend, entwickelten sie erst durch die Spielpraxis eine eigenständige Baßgitarren-Spielweise. Besondere Akzente setzten in dieser Zeit u. a. Paul McCartney, John Gustavson (später u. a. bei Roxy Music) und vor allem Jack Bruce (Cream).
1967 probierte Larry Graham (Sly and the Family Stone) etwas Neues aus. Er spielte wider jede Gepflogenheit mit dem Daumen, und das hieß ja weiter nichts, als eine modifizierte Anpassung an Spieltechniken des Kontrabasses. Zu jener Zeit warf jeder „bessere" Baßgitarrist sein Plektrum weg und spielte mit den Fingern. Eine Spielweise, die sich vor allem in der ‚funky'-orientierten Rockmusik großer Beliebtheit erfreute.
Spieltechnisch gesehen war die Baßgitarre ein Spätentwickler. Erst Mitte der 70er Jahre tauchten – vor allem in britischen Gruppen – Musiker auf, die sich spielerisch mit den weitaus bekannteren Gitarristen vergleichen lassen.

Abb. 56. Baßgitarre

Eine kleine Auswahl: John Wetton (Family, King Crimson, Streetwalkers u. a.), Percy Jones (vor allem „fretless"-Baß bei Brand X), Michael Rutherford (Genesis), Chris Squire (Yes), Roger Waters (Pink Floyd), Chas Chandler (Animals), John McVie (Fleetwood Mac), Rick Grech (Blind Faith, Ginger Baker's Airforce u. a.), Klaus Voormann (Beatles, Manfred Mann, Bob Dylan u. a.). In den USA machten Bassisten vor allem als Studiomusiker auf sich aufmerksam, so z. B. Harvey Brooks, James William Guerico (später Produzent von Chicago), Rick Danko (The Band), Phil Lesh (Grateful Dead). Sozusagen als die Baßgitarristenvirtuosen werden u. a. Jaco Pastorius, Hellmut Hattler, Andrzej Pluszcz (Crash) angesehen. Ihre Spielweise übt heute eine gewisse Vorbildwirkung aus. Und noch ein Name sei an dieser Stelle erwähnt: Colin Hodgkinson (Black Door). Er begann schon um 1970 das Akkordspiel auf der Baßgitarre auszuprobieren. Eine Spieltechnik, die äußerst reizvoll ist und auf die heute kaum noch einer der führenden Baßgitarristen verzichtet.
Mitte der 70er Jahre tauchte noch eine Art klangliche Steigerung auf, das sogenannte ‚britch' oder wie Musiker sagen ‚pizzen'. Hierbei wird mit dem Daumen der Spielhand auf die Saiten geschlagen und mit Zeige- oder Mittelfinger die Saiten derart angerissen, daß sie auf Tonabnehmer oder Griffbrett schlagen. Eine Technik, die die Kontrabaßisten im alten New Orleans schon kannten (vgl. „slapin").
Etwas anderes guckten sich die Instrumentenbauer vom Kontrabaß ab: das Griffbrett. Zunächst wie ein Gitarrengriffbrett gefertigt, also mit Bundstäben, entwickelten sie ‚Fretless'-Bässe, bundlose Baßgitarren. Das brachte einen weichen, kontrabaßähnlichen Klang (Abb. 57).
Doch damit nicht genug. In den 60er Jahren baute man auch mehrhälsige Gitarren, Mischformen. Ob nun wegen des Show-Effekts oder der Spielerleichterung sei dahingestellt. Jedenfalls spart man sich mit einer Gitarre, auf der

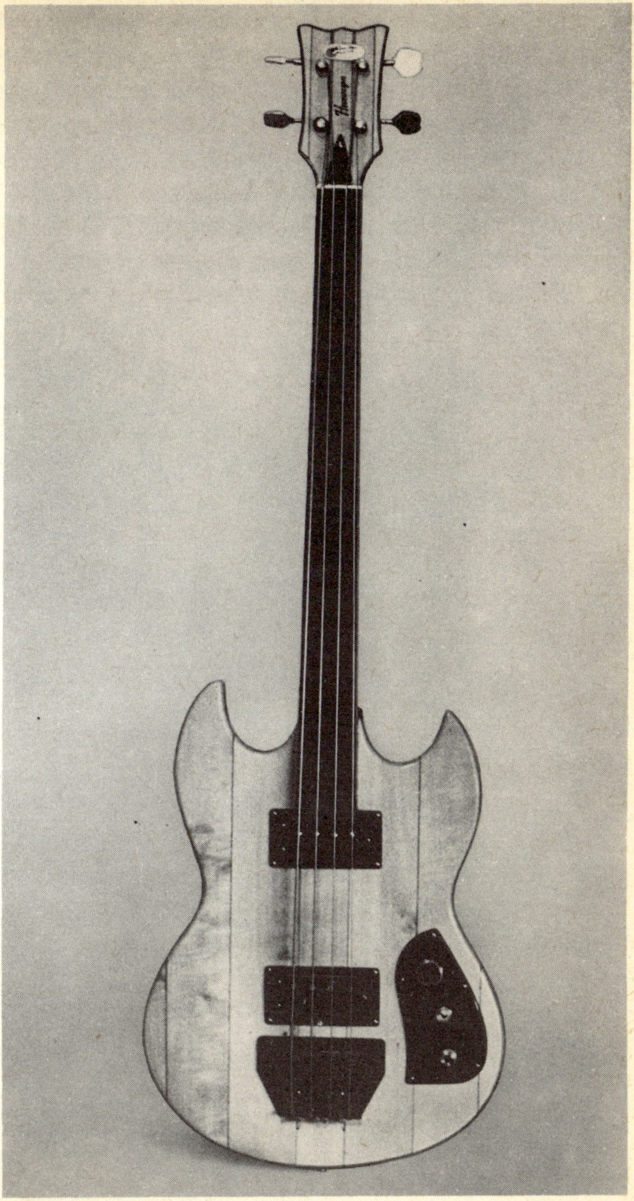

Abb. 57. Fretless-Baßgitarre

ein 6- und 12saitiges Instrument oder eine Normal- und eine Baßgitarre vereint sein können, den Instrumentenwechsel. Wenn zum Beispiel John McLaughlin auch hin und wieder ein Doppelhals-Instrument benutzt, dann ganz bestimmt nicht wegen des Show-Effekts.
Eine Kuriosität dachte sich 1965 Dieter Franke (Franke-Echo-Quintett) aus, er baute eine dreihälsige Gitarre. Allerdings nichts Neues, denn Michele Angelo Garani hatte bereits 1687 in Bologna die gleiche Idee, wenn auch ohne Elektrik (Abb. 58).

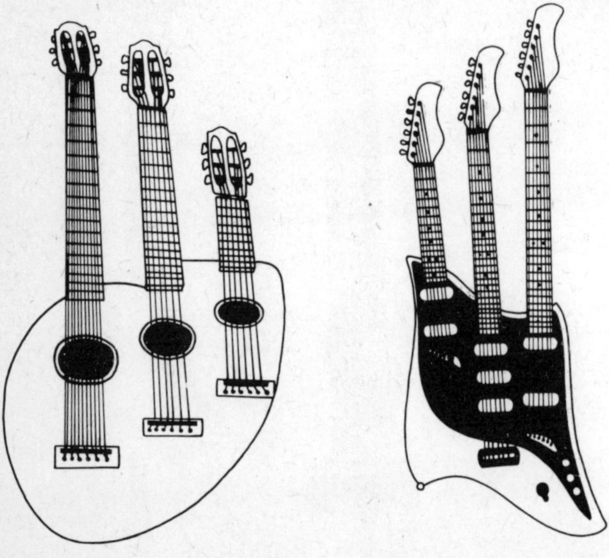

Abb. 58. historische Dreihalsgitarre – Solidbody-Dreihalsgitarre

Abb. 59. verschiedene Gitarrenformen (v.l.n.r.: Stimer E-Bass, Hoyer Flying-V-Bass, Ibanez Blazer, Kramer Bass, Charvel, Charvel, V-Line Instruments, Schecter, Höfner S 11/Heavy Duty)

Abb. 59

Diese Beispiele zeigen, daß es im E-Gitarrenbau eigentlich keine Form gibt, die es nicht gibt. Eine bescheidene Auswahl an Gitarren und Baßformen der 80er Jahre sind in der Abbildung 59 zu sehen. Auch technologisch unterscheiden sich die modernen E-Gitarren. Da die Fertigungsverfahren, wie im Instrumentenbau üblich, an den Hersteller gebunden sind, soll in Stichworten konkret auf einige Typen eingegangen werden, um eine Vorstellung von der „Zusammensetzung“ einer E-Gitarre zu bekommen:

„Hammer Special“ *(Paul Hammer/USA)* – Solidbody; Hals ist in den Korpus eingeleimt; Korpus aus einem Stück gefertigt und mit einer dünnen Ahorndecke versehen; diese Furnierschicht ist ca. 2mm stark und lackiert; farbiger Untergrund, der aber die Holzmaserung noch durchschimmern läßt; die Kanten des Korpus’ sind abgerundet; der Hals ist aus Mahagoni, das Griffbrett aus Palisander; 22 Bundstäbe, die ca. 1mm hoch sind; Elfenbeinsattel; Saiten werden über Brücken durch den Korpus geführt; Gesamtlänge: 97cm, Mensur: 62,8cm, Halsbreite am Sattel: 4,2cm, am 22. Bund: 5,4cm; Form: Abb. 60

„Les Paul – Mod. Heritage, Series Standart 80, Honey Sunbust“ *(Gibson/USA)* – Solidbody; Korpus ist aus massivem Mahagoni mit aufgeleimter, gewölbter Ahorndecke, die aus zwei Stücken zusammengesetzt ist; ca. 2mm starkes Furnier; Decke ist an den Rändern eingefaßt; Boden wie Hals braun gebeizt; der Hals ist aus drei Teilen Mahagoni hergestellt; Palisander-Griffbrett; 22 Bundstäbe, die ca. 0,8mm hoch sind; Kunststoffsattel; Gesamtlänge: 98,5cm; Mensur: 62,8cm; Halsbreite am Sattel: 4,4cm, 5,7cm am 22. Bund; Form: Abb. 61

„Destroyer II“ *(Ibanez/Japan)* – Solidbody; der Hals ist verleimt, aus 3teiligem Ahorn mit einem Stahlstab im Innern; Boden und Zarge sind aus mehrteiligem Mahagoni; Griffbrett aus Palisander; 22 Bundstäbe, ca. 1mm hoch;

Abb. 60. Hammer Special

Abb. 61. Honey Sunbust

Abb. 62. Destroyer II

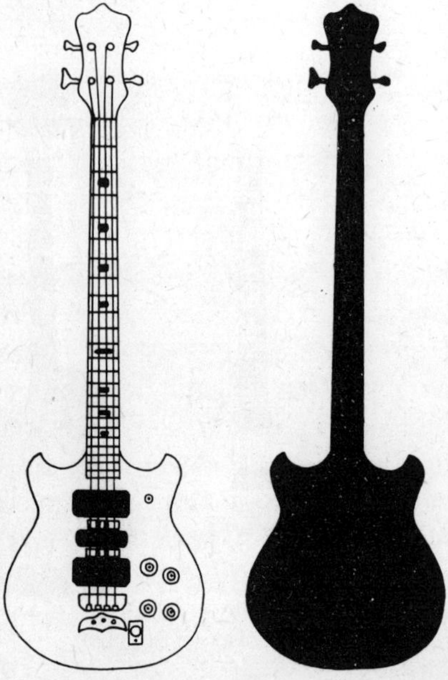

Abb. 63. Fernandes Bass

Gesamtlänge: 110 cm; Mensur: 63 cm; Halsbreite am Sattel 4,3 cm, am 22. Bund 5,7 cm; Form: Abb. 62
„Fernandes Bass FAB 70" *(Fernandes Medium Scala)* – Solidbody; durchgehender Hals, am Korpus aufgeleimt; Korpus aus Ahorn (Furnier) und Mahagoni mit einer Dicke von 4,5 cm; 24 Bünde; Gesamtlänge: 110 cm; Mensur: ca. 77 cm; Halsbreite am Sattel: 4 cm und am 24. Bund 5,4 cm; Form: Abb. 63

Wenn sich der Rock-Hörer eher an den Formen der Gitarren erfreut, so sind für den Rock-Musiker mehr die technischen Feinheiten von Interesse. Verlassen wir deshalb an dieser Stelle die „Konstruktion" und wenden uns einigen „Effekten" zu.

In diesem Zusammenhang sollen einmal nur die natürlichen „Effekte" erläutert werden, denn die elektronischen sind nicht nur für die Gitarren anwendbar, sondern für jedes beliebige Instrument, das mit einem Tonabnehmer versehen ist und deshalb im Kapitel „Effekte" erörtert. Diese Natur-Effekte sind einmal durch bestimmte Spieltechniken und einige konstruktive Besonderheiten zu erzielen. Um eine gewisse Übersicht zu ermöglichen, sind diese „Effekte" alphabetisch zusammengestellt:

Abdämpfen – eine sehr einfache Klangbeeinflussung, die der Gitarrist während des Spiels einsetzen kann, um den Klang dumpfer erscheinen zu lassen. Er berührt dabei die Saiten über dem Steg mit dem Handballen der Spielhand.

Bottleneck – hier wird über einen Finger der Spielhand eine Art Metallzylinder gestülpt, mit dem dann über die Saiten geglitten werden kann. Als Klang entsteht ein Glissandoeffekt (Hawaiieffekt), also ein stufenloses Ineinanderfließen der Töne. Wird die Gitarre speziell gestimmt, z. B. als klingender Akkord, so ist auch ein Spiel in Akkorden möglich.

Cluster-Spiel – eigentlich Tontrauben (eine Kompositionsmethode), hier aber das Spiel eng benachbarter

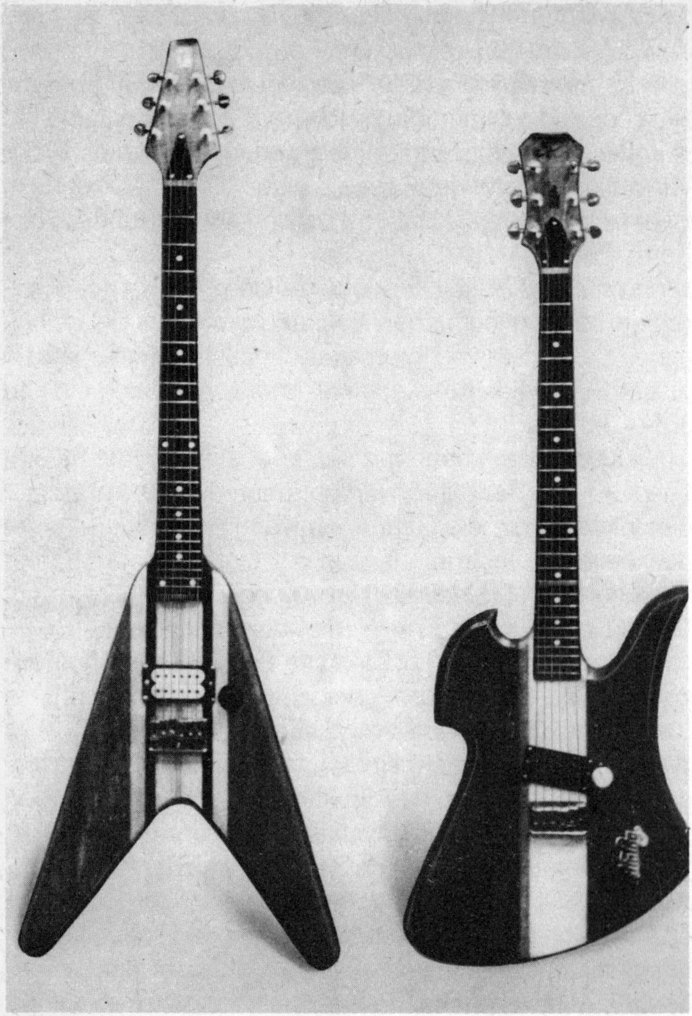

Abb. 64. Eigenbaugitarren von Anselm Riess

Töne, die eigentlich nichts mit der entsprechenden Harmonie zu tun haben.

Dobro/Fingerpicking – eine akustische Gitarre aus Hart-

holz oder Metall mit drei Metallkegeln als Resonatoren im Korpus. Der Spieler hält das Instrument waagerecht auf den Knien und spielt mit einer kleinen Metallwalze (steel bar), die er zwischen Daumen und Mittelfinger hält.
Ein ähnlicher Effekt läßt sich auch auf einer Normalgitarre

Abb. 65. Solidbody-Gitarre

erzielen, indem über die Finger kleine Ringe mit Metallhäkchen gezogen werden. Diese „Picks" sind eine Art verlängerte Fingernägel, die besonders beim gebrochenen Akkordspiel (arpeggion) eine große Prägnanz erzielen.

Fingervibrato – bei Saiteninstrumenten übliche Tonformung, die durch Bewegen der Finger der Griffhand auf der Saite erreicht wird. Rock-Gitarristen steigern das bis zum starken Dehnen der Saite.

Flageolett – Ausnutzung des Obertonspektrums. Durch leichtes Abdämpfen der eingeschwungenen Saite oder Berühren (nicht Niederdrücken) der Saite an bestimmten Stellen (Schwingungsknoten) entstehen hohe, unnatürlich wirkende Töne.

Glissandohebel – mechanische Einrichtung an der Gitarre, mit der sich die gesamte Saitenhalterung bewegen läßt. Die Folge sind Tonhöhenschwankungen, die mit einem Hawaii-Effekt verglichen werden können.

Slide Guitar – (gleitende Gitarre) siehe Bottleneck

Steel-Guitar – (Stahlgitarre): diese Gitarrenart ist mit einer Zither vergleichbar. Der Spieler hat vor sich einen Spieltisch, reißt die Saiten mit Metallhäkchen an und gleitet meist mit einem Metallzylinder (vgl. Bottleneck) darüber. Verschiedene Pedale ermöglichen ein Abdämpfen der Saiten.

12-saitige Gitarre – dieses Instrument besitzt eine doppelchörige Bespannung, d. h. neben der normalen Saitenstimmung befindet sich parallel zu jeder Saite eine Oktav- bzw. gleichgestimmte Saite. Der Klang wird dadurch voluminöser und durch die minimalen Stimmungsunterschiede etwas ‚verwaschener'. Ähnliche Konstruktionen finden wir auch bei Baßgitarren. Hier liegt neben oder unter der eigentlichen eine in der Oktave gestimmte Saite.

Verfolgt man die Entwicklung der Rockmusik, so lassen sich bestimmte Klangauffassungen feststellen, die auf der einen Seite so etwas wie eine Modeerscheinung waren,

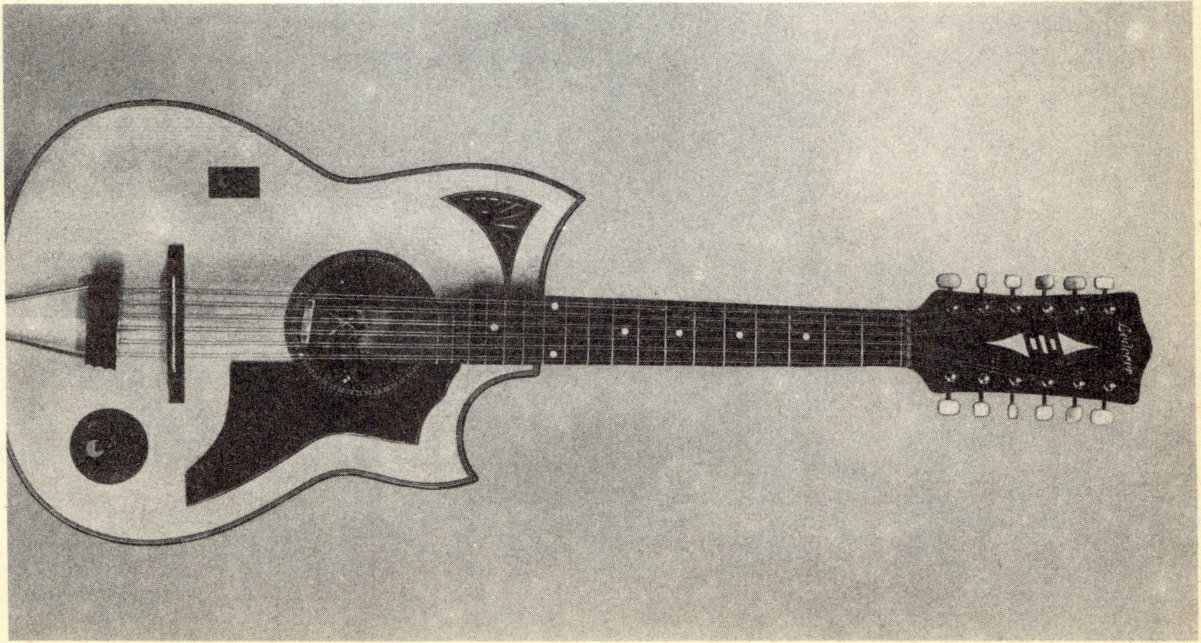

Abb. 66. 12-Saiten-Vollresonanzgitarre

auf der anderen aber auch an bestimmte Gitarristen gebunden sind, die entweder durch eine originelle Spielweise auffielen bzw. durch ihr Können gewisse Maßstäbe setzten. In diesem Zusammenhang muß auch der jeweilige technische Standard gesehen werden, also das gesamte Instrumentarium vom Verstärker über die Lautsprecher, die elektronischen Effektgeräte, Studiobedingungen usw.

1955 bis 1962	unverfälschter E-Gitarrenklang; teilweise Halleffekte; Chuck Berry, Elvis Presley, Billy Buttler, Link Wray, Duane Eddy, Shadows, Johnny and The Hurricans, The Ventures, Tornados, Buddy Holly, Bob Montgomery
1962 bis 1965	zunehmende Klangverfremdungen, Hall, Echo, Verzerrer; Beatles, Rolling Stones, Who, Sputniks, Franke-Echo
1966 bis 1970	totale Verfremdung des Gitarrentones, Cluster-Technik, Wah Wah, Feedback, studiotechnische Verfremdung; Herausbildung individueller Spieltechniken; Jimi Hendrix, John McLaughlin, Eric Clapton, Jeff Beck, Jimmy Page, Peter Green, Carlos Santana, Rory Gallagher
1970 bis 1978	Rückgang des Gitarreneinflusses als bestimmendes Klangmerkmal, Beginn des „Keyboard-Zeitalters“
ab 1978	Gitarre tritt wieder hervor, allerdings ohne vergleichbare Klangverfremdung wie zu Zeiten von Jimi Hendrix; Beispiele der ‚neuen Klangästhetik‘ sind Police, Dire Straits, Ian Dury, Nils Lofgren, Frank Zappa

Natürlich kann solch eine Sound-Chronologie nur einige

Eckdaten deutlich machen und Orientierungspunkte liefern. Es hat in der Rockmusik immer sowohl das eine als auch das andere gegeben, doch eben mal stärker und mal schwächer.
Schließen wir das Gitarrenkapitel mit dem Namen B. B. King ab. King ist der Vater der Rockgitarristen. Vom Blues kommend, hat er mit seiner Spielweise wohl die meisten Gitarristen inspiriert.

Plattenhinweis:

Naturgitarre

Friday Night in San Francisco	Al Di Meola, John McLaughlin, Paco De Lucia	AMIGA 855 947
LP Leo Kottke		AMIGA 855 977

E-Gitarre

LP Dire Straits		AMIGA 855 833
LP Carlos Santana		AMIGA 855 512
LP Rolling Stones		AMIGA 855 885
LP The Who		AMIGA 855 803
LP Jimi Hendrix		AMIGA 855 378
LP Deep Purple		AMIGA 855 562
LP Die frühen Jahre	(Sputniks/ Franke-Echo)	AMIGA 850 872
LP J. McLaughlin/ Mahavishnu Orchestra		AMIGA 855 615

Baß-Gitarre

Bulgaria	City	AMIGA 855 816
Boureé	Jethro Tull	AMIGA 855 666
Monumento	Collegium Musicum	OPUS 91150261
Teen Town	Weather Report	Supraphon 11152490 ZI

Klavier *(p)*

Geschichtliches: Das Klavier ist die letzte Stufe einer Instrumentenentwicklung, bei der es zunächst darum ging, über eine Mechanik unterschiedliche Töne zu erzeugen. Vorstufen des Hammerklavieres, also dem Instrument, wie es heute zur Verfügung steht, waren das Clavicord (hier wurde über einen Tasthebel mit einem Metallstift eine Saite geteilt und der abgeteilte Bereich zum Schwingen gebracht [Tangentenmechanik]), das Virginal, Spinett und Cembalo (hier werden die Saiten durch einen Federkiel angezupft oder angerissen, siehe Abb. 46). Obwohl all diese Instrumente ihre Eigenständigkeit bewahrt haben, noch gefertigt werden und in der E-Musik ihre Anwendung finden, ist das Klavier gleichermaßen auch in Jazz, Rock und im Popbereich beliebt.

Der Begriff Hammerklavier stammt aus dem 19. Jahrhundert, den Mechanismus selbst konnte man schon um 1400. Die Vorläufer der Tastatur findet man bereits im 13. Jahrhundert. Hier wurden nämlich für die Orgel Schleifen benutzt, an denen der Spieler ziehen mußte, um Töne auszulösen. Später wurde die Technik durch Spielknöpfe ersetzt.

Um die eigentliche Klaviermechanik stritten sich einige Instrumentenbauer. So erklärt 1738 der Sachse Schröter, er habe bereits 1717 das Hammerklavier erfunden, und 1716 legt der Franzose Marius gleich vier Mechaniken für „Clavicins á maillets" vor. Die Chronisten sind sich jedoch einig, daß es 1709 der Italiener B. Cristoforo war, der das ‚Hammerklavier' erfunden hat.

1821 verbessert der Engländer Erard die deutsche Prall- und die englische Stoßmechanik zur Repetitionsmechanik. Und 1824 kommt aus den USA der Gußeisenrahmen. In diese Zeit fällt auch die Reduzierung auf zwei Formen: das Klavier (die Saiten sind senkrecht zur Spielebene

angeordnet) und der Flügel (die Saiten liegen waagerecht, also in der Spielebene).
Durch den großen Tonumfang – sieben Oktaven lassen sich wie bei keinem anderen Instrument großflächig, orchestral einsetzen – findet man das Klavier auch am Beginn der Jazz-Geschichte. Nachweisbar anhand eines Bildes mit der „Original Dixieland Jazz Band“ aus dem Jahre 1918. Das mag relativ spät erscheinen, hatte aber eine praktische Ursache. Die ersten Jazz-Bands waren mobil und konnten keine Klaviere mit sich herumschleppen und zum anderen lehnten vor allem Bläser dieses Instrument ab, weil es keine ‚jazzige‘ Tonbildung gestatte. Ein Trugschluß. Es gab aber bereits Scott Joplin, einen der legendärsten Ragtime-Pianisten, und das war schon Ende des vorigen Jahrhunderts. Und Jelly Roll Morton galt um 1902 schon als Jazz-Pianist.

Musiker: Neben dem Ragtime machten Musiker wie Memphis Slim oder Pinetop Smith das Klavier durch Boogie Woogie bekannt, Art Hodes kam vom Blues und Earl Hines kreierte das „Trumpet-Piano-Spiel“, eine Spielweise, die an das Trompetenspiel von Louis Armstrong erinnerte. Oscar Peterson, Horace Silver, Georg Shearing, Erroll Garner, Cecil Taylor und vor allem die jüngere Pianisten-Generation: Herbie Hancock, Chick Corea oder Theolonius Monk prägten durch ihr Spiel nachfolgende Musikergenerationen.
Selbst wenn Rockmusiker heute als Keyboarder einen Namen haben, sind sie doch irgendwo von großen Jazz-Pianisten, sei es durch Stilistik oder Spiel-Technik, beeinflußt worden. So ist bei Rock'n'Roll-Pianisten wie Fats Domino, Little Richard, Jerry Lee Lewis der Ragtime- bzw. Boogie-Woogie-Einfluß zu spüren. Und Herbie Hancock, Chick Corea, George Duke, Keith Emerson, Billy Preston, Elton John stehen heute eben für ihre Spielweise in der Rock-

musik, obwohl es den ‚reinen‘ Klavierspieler in der Rockmusik nicht gibt. Er ist Keyboarder und spielt nur ab und an mal Klavier. Ausnahmen sind vielleicht der schon erwähnte Elton John sowie Gary Brooker (Procol Harum), Nicky Hopkins (spielte u.a. als Studiomusiker bei The Who, den Rolling Stones, der Steve Miller Band, Jefferson Airplane), Roberta Flack, Chi Coltrane.

Plattenhinweis:

Song for guy	Elton John	AMIGA 456 398
He's misstra know it all	Stevie Wonder	AMIGA 456 291
Corina, Corina	Jerry Lee Lewis	OPUS 91130299
For you	Emerson, Lake & Palmer	AMIGA 855 724
La Fiesta	H. Hancock/ Ch. Corea	AMIGA 855 746

Keyboards

„Oft, wenn das ‚Sun Ra Arkestra' auftritt, ziehen die Musiker dieses Orchesters wandelnd, promenierend, tanzend, spielend durch die Publikumsreihen. Sun Ra bleibt allein auf der Bühne zurück, von sechs oder sieben Tasteninstrumenten umgeben – Orgel, Mini Moog, Piano, Clavinet, Rocksicord, Elektro-Piano, Spacemaster –, hokkend inmitten dieses ganzen elektronischen Instrumentariums, das kein einzelner Mensch übersehen kann, das aufzubauen einen ganzen Tag in Anspruch nimmt, wie ein Astronaut im Cockpit seines Raumschiffes. Und während die Musiker irgendwo ‚draußen' sind, startete er irgendwo, mit ‚farbigem Rauschen', mit strömenden Moog-Sounds, mit ‚geschossenen' Klängen, gehämmerten Clusters, getrommelter Orgel – die eine Hand am Moog, die andere auf einem seiner anderen Keyboards, meisterlich über das Instrumentarium verfügend, es wechselnd und austauschend und neu zusammenfügend." *(Joachim Ernst Berendt)*

Allgemeines: Wenn alle bisher beschriebenen Instrumente teils eine Tradition im Jazz und in der ‚Ernsten Musik' haben und spieltechnisch ausgelotet erscheinen, so sind die Keyboards Kennzeichen der Rockmusik und klanglich bei weitem noch nicht ausgeschöpft. Mit dem Zeitalter der elektronischen ‚Tasten' beginnt auch eine veränderte Systematik. Trotzdem liefert die Sachs'sche Systematik der Elektrophone zunächst erst einmal einige Anhaltspunkte. Wie kompliziert diese, für das Verständnis dieser Instrumentengruppe so wichtigen Fragen sind, sollen einige Beispiele verdeutlichen.
Die Gitarre ist nach der klassischen Instrumentensyste-

matik ein Saiteninstrument. Wie aber ist eine ‚Brett-Gitarre‘ einzuordnen? Als Gitarre doch wohl nicht mehr, fehlt doch eines der wichtigsten Bestandteile: der Resonanzkörper. Also ist es eher ein elektromechanisches oder elektroakustisches Instrument? Oder betrachten wir die Tasteninstrumente. Das Hohner-Clavinet: gehört es in die Gruppe der angeschlagenen Saiteninstrumente, ist es dem Cembalo gleichzusetzen oder ist es ebenso wie die E-Gitarre ein elektromechanisches Instrument?
Oder nehmen wir die Hammond-Orgel. Aufgrund ihres Generators und des damit verbundenen Wandlungssystems ist es ein elektromechanisches Instrument, doch moderne Hammond-Typen sind rein elektronischer Konstruktion. Wie nun?
Damit wird ersichtlich, daß Verallgemeinerungen, wie sie bei anderen Instrumentengruppen möglich sind, nur bedingt, nach eng abgesteckten Grenzen Anwendung finden

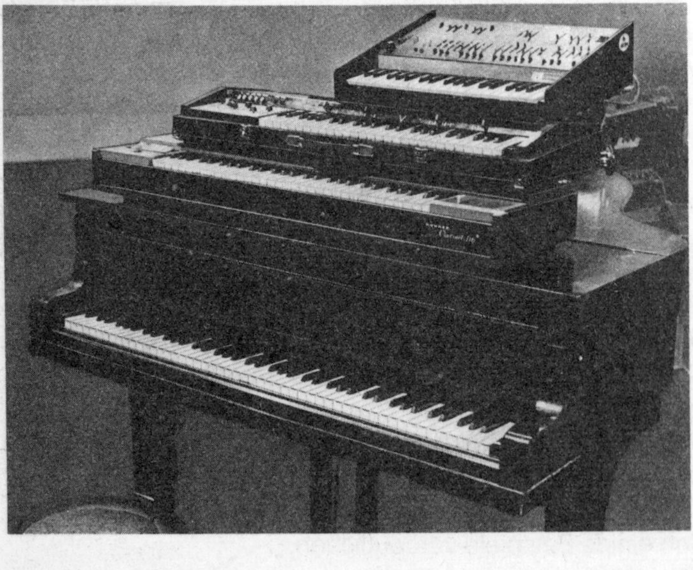

Abb. 67. Flügel, Hohner D 6, Synthesizer

können. Und so kommt es eben dazu, daß die Gitarre auch bei den Elektrophonen zu finden ist. (siehe Systematik und Wirkungsweise)

Systematik und Wirkungsweise: Betrachten wir zunächst einmal die klassische Systematik der „Elektrophone".

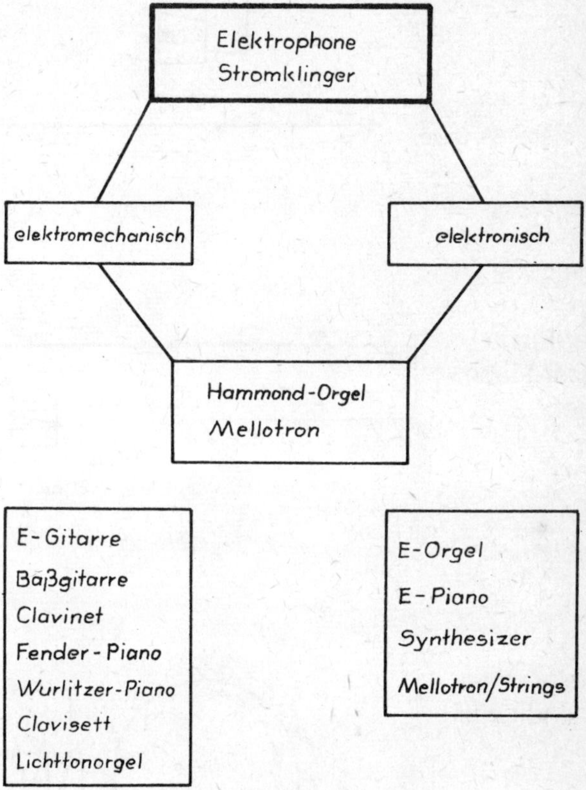

Abb. 68. Systematik der Elektrophone

Nach den Wirkungsprinzipien lassen sich die elektromechanischen Elektrophone in folgende Gruppen untergliedern:

a) Tonabnehmer (induktiv)

Beispiel:
E-Gitarre
Baßgitarre

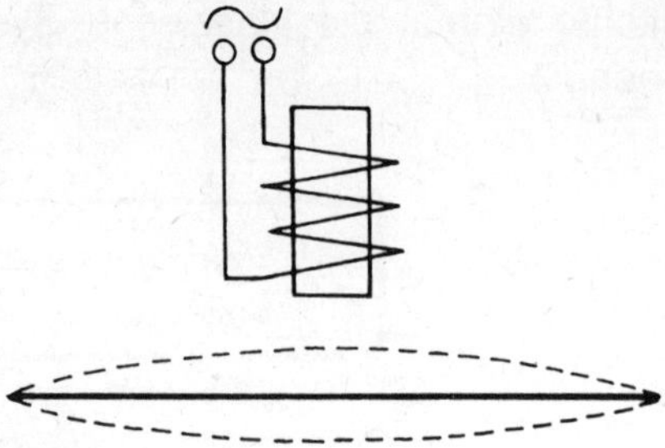

Abb. 69. Saite

Beispiel:
Basset
Fender-Piano
Wurlitzer-Piano
Claviset

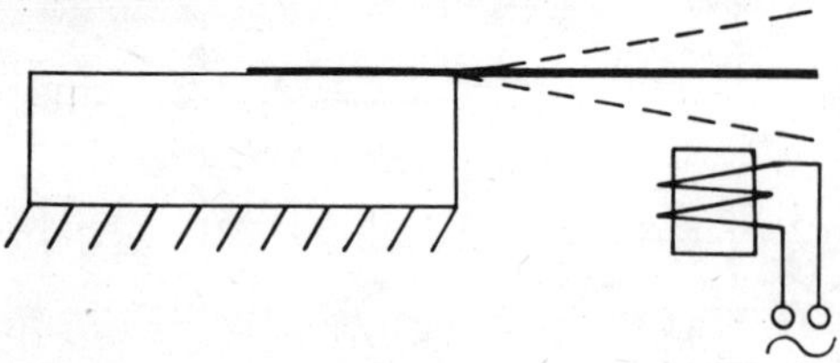

Abb. 70. Zunge/Platte

Beispiel:
Hammond-Orgel

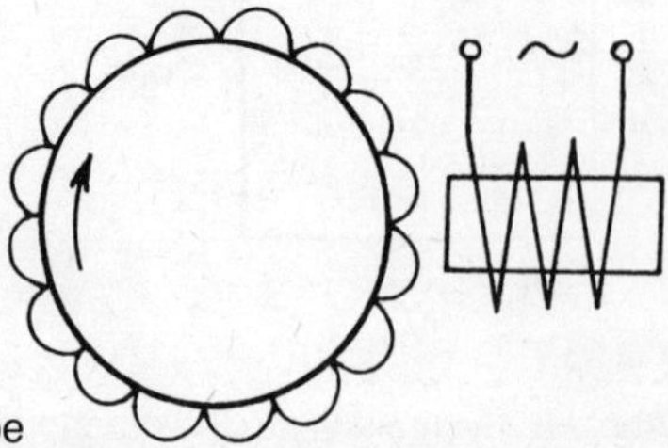

Abb. 71. rotierende Profilscheibe

b) Tonabnehmer (elektrooptisch)

Beispiel:
Lichtorgel

Abb. 72. a) Zunge

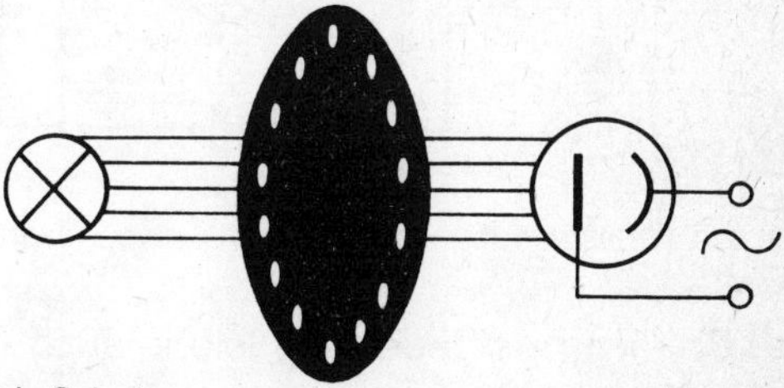

Abb. 72. b) rotierende Scheibe

c) auf Tonträger gespeicherte Signale

Beispiel:
Bandschleifen-Mellotron

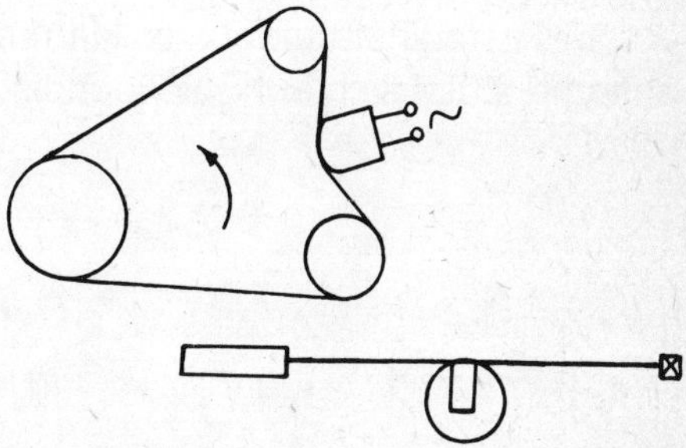

Abb. 73. Band

d) elektronische Generatoren

Beispiel:
E-Orgel
E-Piano
Hammond-Orgel (neue Generation)
Mellotron

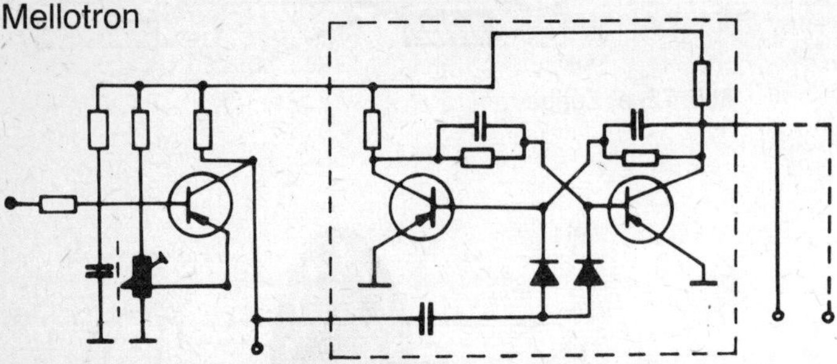

Abb. 74. elektronischer Generator (Prinzip E-Transistor-Orgel)

e) Spannungssteuerung (siehe auch Abschnitt „Synthesizer")

Beispiel:
Synthesizer

Das wären nach der klassischen Systematisierung der „Elektrophone" die in der Praxis üblichen Tonerzeugungsmöglichkeiten. Eine nach musikpraktischen Gesichtspunkten aufgebaute Instrumentensystematik geht nur von einem Tasteninstrument aus, klammert Gitarre und E-Baß aus und stützt sich auf Spieltechnische Handhabung (Tasten).

Geschichtliches

1730 Der mährische Prediger Prokop Diviš konstruiert sein Mutationsorchester „Denis d'or". Durch elektrisch erregte Klaviersaiten sollen so ziemlich alle Töne von Blas- und Saiteninstrumenten nachgeahmt worden sein.

1860 Jean-Babiste Laborde bringt Eisenstäbe durch elektrische Ströme zum Schwingen und erzeugt sechs Töne der Tonleiter.

1867 Der Direktor der Telegraphenfabrik Neufchâtel Hipp baut ein elektromechanisches Klavier

1885 E. Lorenz aus Frankfurt/M. erhält ein Patent für sein elektromechanisches Musikinstrument nach dem Prinzip des Selbstunterbrechers, ein Prinzip, das wir heute noch bei Gleichstromklingeln verwenden. Lorenz koppelte mehrere Selbstunterbrecher über eine Tastatur und konnte somit Schwingungen erzeugen. Über einen Elektromagneten mit Membran wurden sie hörbar.

1897 Am 7. 4. läßt der amerikanische Erfinder und Jurist Thaddeus Cahill seine Orgelerfindungen patentieren. Um 1900 stellt er in Washington die Orgelmaschine „Dynamophone" (Telharmonium) vor. Ein rund 200 Tonnen schweres Gerät, das nach dem Prinzip des Zahnradgenerators arbeitete. Pro Halbton verwendete Cahill einen dampfgetriebenen Mehrfachstromerzeuger und erhielt damit sinusförmige Ausgangsspannungen. Mit Hilfe von Schaltern konnte der Spielter Klangfarben zusammensetzen (additives Verfahren). 1906 versuchte Cahill das städtische Telefonnetz für seine Orgelwiedergaben zu nutzen, jedoch beschwerten sich die meisten Telefonnutzer, weil damit ihre Gespräche beeinträchtigt würden.

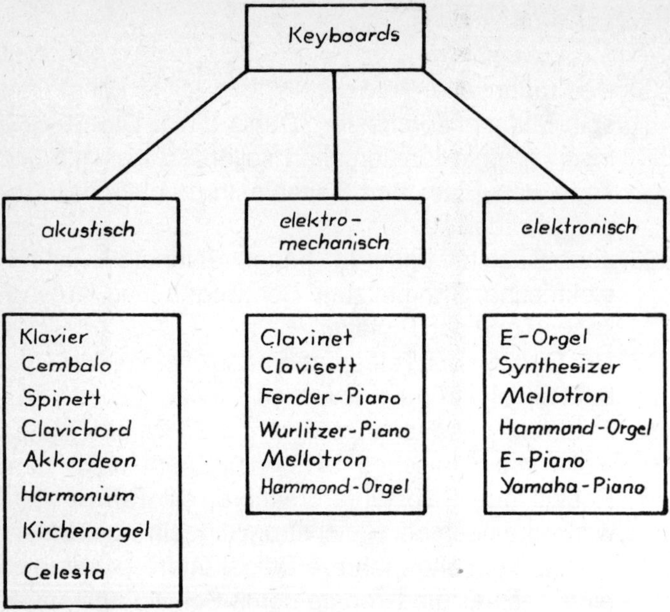

1899 Der englische Physiker W. Duddell konstruiert die „tönende Bogenlampe". Mit einem Lichtbogengenerator erzeugte er ungedämpfte, hochfrequente Schwingungen.

1905 Severy und Sinclair entwickeln ein Tasteninstrument, das ähnlich einer Sirene arbeitet. Vor einem Elektromagneten rotieren runde, gezahnte Metallscheiben, die unterschiedliche induktive Verstärkungen auslösen. Die Anzahl und die Geschwindigkeit der Rotation bestimmen die Tonhöhe. Mehrere Scheiben gekoppelt, ergeben einfache Tonfolgen.

1911 W. Burstyn überarbeitet das Tonerzeugungsprinzip von Duddell und verwendet eine Strahl- bzw. Sprühspule als Lautsprecher, die mit hochfrequenten Schwingungen erregt wird. Über Tastendruck kann dabei die Induktivität der niederfrequenten

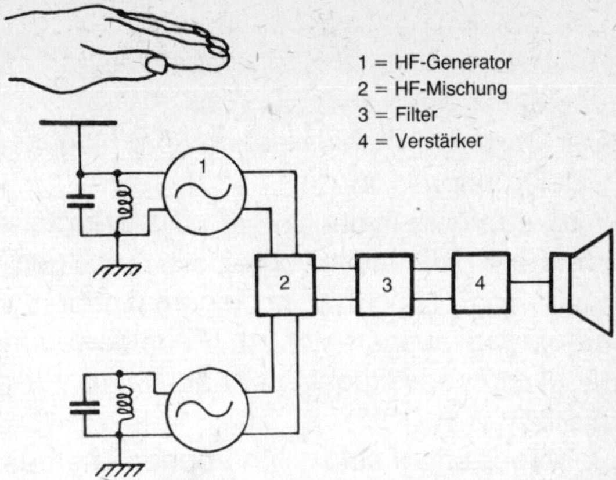

Abb. 76. Prinzip des „Ätherophon“ (Schwebesummer) von Thermen

Schwingspule als tonfrequente Schwingung reguliert werden.

1921 ertönt erstmalig in der Welt im Polytechnischen Museum in Moskau ein von Leon Theremin (Lew S. Thermen) konstruiertes elektronisches Musikinstrument, das „Thermenenvox“ oder „Ätherwelleninstrument“. Dieses Instrument war einstimmig spielbar und hatte einen Tonumfang von F_1 bis c^6. Die Tonsteuerung erfolgte räumlich nach dem Prinzip eines Schwebungssummers (siehe Abb. 76).

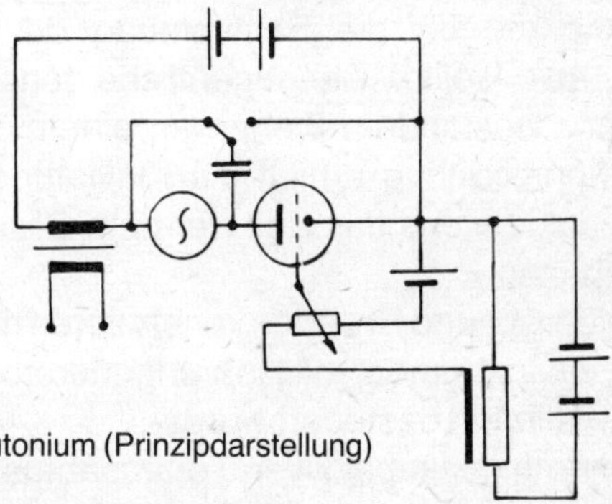

Abb. 77. Trautonium (Prinzipdarstellung)

Das Spielmanual war eine Antenne. Dabei löste der Abstand der Hand eine Kapazitätsänderung aus und damit einen anderen Ton.

Der Organist und Musiklehrer Jörg Mager stellt sein „Elektrophon" vor.

1923 wird, ebenfalls in der UdSSR, ein elektronisches Instrument („Violena") vorgestellt, das einen Tonumfang von F_1 bis c^5 hat, mit einem Griffbrett zur Tonsteuerung ausgerüstet ist. Pedalbewegungen ermöglichen das Regeln der Lautstärke. Frequenzvibrato.

1926 J. Mager bringt sein „Sphärophon" heraus, ein Instrument, das nach dem Prinzip von Thermens Ätherwelleninstrument arbeitet. Mager ersetzt allerdings die Spielantenne durch eine Kurbel und erzielte damit ebenfalls gleitende Tonhöhenänderungen. Es folgen Weiterentwicklungen wie das „Sphärophon II" und das „Klavier-Sphärophon" (Kaleidosphon, 1927).

1928 In der Pariser Oper wird das Ondes Martenot, eine Erfindung des französischen Musiklehrers und Telegraphisten Maurice Martenot vorgeführt. Die „Ondes Musicales" basierten auf dem Schwebungssummer-Prinzip.

Der Spieler saß vor einer Klaviaturatrappe, die eine Orientierung für die Bestimmung der einzelnen Töne sein sollte. Der eigentliche tonauslösende Vorgang bestand im Ziehen an einem Seil. In der Weiterentwicklung erhielt die Klaviatur tatsächlich ihre Funktion und das Seil war dem Glissandospiel vorbehalten.

B. Helberger und P. Lertes konstruieren das „Hellertion", ein Instrument mit Röhrengenerator, das über ein Metallband gesteuert wurde.

Einführung der kapazitiven Tonabnahme.

1929/30 P. Givelet und E. Coupleux wollten eine Pfeifen-Orgel mit elektrischen Mitteln imitieren. Dabei verzichteten sie auf rotierende Generatoren und schwingende Zungen. Heraus kam eine Orgel mit drei Manualen und einem Pedal. Jeder Ton und Oberton besaß einen eigenen elektronischen Generator. Rund 400 Generatoren verdeutlichen den hohen technischen Aufwand. Das Problem der Ein- und Ausschwingvorgänge war damit noch nicht gelöst. Die Givelet-Coupleux-Orgel gilt als erste elektronische Orgel in der Instrumentengeschichte.

1930 Friedrich Trautwein führt sein „Trautonium" Abb. 77 vor. Er verwendete tonfrequente Kippschwingungen von Glimmlampen, deren obertonreicher Grundklang durch zwei abstimmbare Formant-Filter verändert werden konnte. Gespielt wurde das Trautonium mit einem Bandmanual, das aus einer über eine Metallschiene gespannten Saite bestand. Nach Berührung der Saite entstand eine elektrische Schwingung, die über Verstärker und Lautsprecher hörbar wurde. Die Dynamik war abhängig vom Druck auf die Saite. Zwischen 1930 und 1938 entstanden verschiedene Kompositionen für Trautonium u. a. von Paul Hindemith, Harald Genzmer, Richard Strauß. Oskar Sala entwickelte das Trautonium zu einem zwei- bzw. vierstimmigen Instrument weiter. Er verwendete dabei zwei Generatoren und zwei Bandmanuale. In den 50er Jahren erschien es unter dem Namen Mixtur-Trautonium. Sala konnte damit kontinuierlich Subharmonische erzeugen. Er verwendete dazu vier Nebengeneratoren pro Stimme, die synchronisiert von einem Hauptgenerator auf die Frequenzen der Subtonreihe abstimmbar waren.

1931 Nach Ideen von Oscar Vierling, S. Franco und Walther Nerst entsteht der Neo-Bechsteinflügel. Ein Stutzflügel ohne Resonanzboden. Jeweils unter fünf Saiten bzw. einem Saitenchor wurde ein elektromagnetischer Tonabnehmer angebracht. Der Anschlag der Saiten erfolgte über kleinere Hämmer als bei normalem Flügel. Die Saiten waren wesentlich dünner und die Dämpfung geringer. Das ergab einen langanhaltenden, orgelähnlichen Klang, der bis zum spinettartigen variiert werden konnte.

1933 O. Vierling baut zusammen mit der Klavierfirma Förster das Förster-Elektrochord, das u. a. einen weichen blasinstrumentenähnlichen Klang hatte.

1936 Der Leipziger Klavier- und Orgelbauer Edwin Welte stellt seine, nach dem Prinzip der fotoelektrischen Klangerzeugung (geht zurück auf die elektro-optische Tonerzeugung nach van den Bijl, 1916) arbeitende Lichttonorgel vor. Welte benutzte zwölf rotierende Glasplatten, auf denen sich 18 Tonspuren in Form von Oszillograph-Bildern bzw. Lichtblenden befanden. So war es auch möglich, berühmte Orgelklänge zu speichern. Die Glasscheibe wurde in Rotation versetzt und ein Lichtstrahl tastete die entsprechende Tonspur ab. Über dem Lichtstrahl entstand damit eine Schwingungskurve, die über eine Fotozelle in Wechselspannungen gewandelt wurde. Fredrick Albert Hoschke (Michigan/USA) nutzte dieses Prinzip Ende der 30er Jahre in seinem „Orgatron". Er verwendete allerdings schwingende Zungen als Generatoren.

1940 Das „Melodium" bzw. „Melochord" von R. H. Bode und O. Vierling entsteht. Ein Instrument mit Tastenmanual und einem Generator, mit dem obertonreiche Kippschwingungen erzeugt werden konnten. Formantfilter und ein Frequenzvibrato von 6 bis 8 Hz, das in den Anodenkreis durch NF-Spannungen eingekoppelt wird, gehören ebenfalls zur Ausstattung.

1946 Die Wurlitzer Company baut das Orgatron und vertreibt es unter dem Namen Wurlitzer-Orgel.

1947 Die „Baldwin-Orgel“ entsteht. Sie arbeitet nach dem Prinzip Muttergenerator und Frequenzteiler. Röhrengeneratoren erzeugen 12 Töne der höchsten Oktave, die tieferen werden dann durch Teilung im Verhältnis 2 : 1 erzeugt.

1948 In den USA wird die „Connsonate Orgel“ gebaut. Ein Instrument mit 167 Rückkopplunggeneratoren, zwei Manualen und Pedal.

1953 Die Beyer-Apparatewerke vereinen in ihrer „Polychord-Konzertorgel“ die wichtigsten bisher entwikkelten Elemente einer elektrischen/elektronischen Orgel: Sammelschienenprinzip (Cahill), Synchrongeneratoren (Baldwin), Schalkontakte über eine gedrehte Welle mit Schaltnocken (Vierling), Zugriegel (Hammond).

1954 Die „Allen Orgel“ ist eines der ersten Instrumente, das synthetisch den Klang einer Kirchenorgel nachbilden konnte.

1955 In der UdSSR wird ein „Stimmgabelklavier“ vorgestellt. Der Tonumfang: C bis c^5. Über eine Tastatur können Klänge abgerufen werden, die einer Celesta, eines Vibraphons ähnlich sind bzw. percussive imitieren.

H. F. Olson und H. Belar konstruieren einen zimmergroßen Synthesizer mit Lochstreifensteuerung. Sie führten auch als erste den Begriff Synthesizer ein.

1956/57 In der DDR wird die Ionika, eine E-Orgel mit Röhrengeneratoren entwickelt.

In der UdSSR entsteht das „Schumofon“, ein einstimmiges Instrument mit einem Tonumfang von F bis c^5.

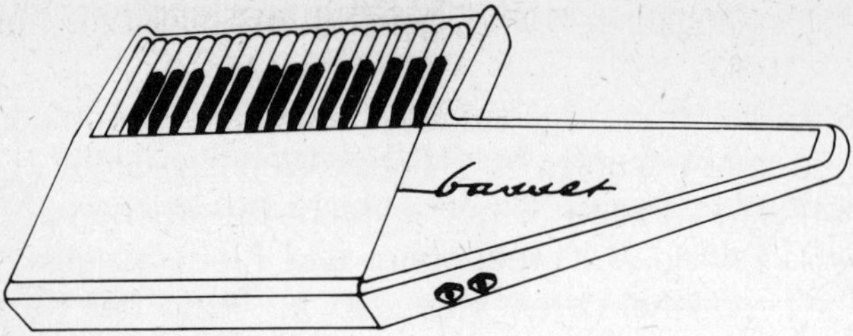

Abb. 78. Weltmeister-Bassett

1959 Ray Charles benutzt für den Titel „What'd I say" als einer der ersten ein E-Piano.

J. A. Mursin schließt die Entwicklung des „ANS", ein Synthesator, ab.

1960 In der UdSSR entsteht das „Kompanofon", ein Klangimitator (Glockenspiel).

1964 Robert A. Moog stellt seinen Synthesizer mit spannungsgesteuerten Oszillatoren vor.

In der DDR entsteht mit dem „Subharchord" ein elektronischer Klang- und Geräuscheerzeuger.

1966 Die Klingenthaler Harmonikawerke entwickeln das „Claviset". Ein Instrument mit Cembaloartigem Klang. Zwei Jahre später entsteht das Basset (siehe Abb. 78) ein Baßinstrument, das ähnlich wie das „Claviset" mit kleinen Metallzungen arbeitet. Die Schwingungen werden über Tonabnehmer gewandelt.

1968 Die ersten Transistorenorgeln entstehen in der DDR (TO-Serie).

1979 Die australische Firma Fairlight stellt mit seinem „Computer Musical Instrument" den ersten Musikcomputer aus heutiger Sicht vor.

Linn entwickelt einen Drum-Computer mit auf Chips gespeicherten Sounds (Soundsampling – Analyse und Reproduktion natürlicher Klänge).

Diese chronologische Übersicht wesentlicher Entwicklungsetappen der synthetischen Klangerzeugung verdeutlicht nur die technische Seite. Zwar spielen zunächst bestimmte instrumententechnische Entwicklungen eine Rolle, aber gleichzeitig entwickelte sich auch ein anderes Verständnis zur Musik selbst. Der neuartige, ungewohnte Klang erforderte sowohl vom Hörer als auch vom Musiker selbst einen anderen Umgang mit den technischen Neuerungen. Das, was heutzutage landläufig als Keyboard-Musik bezeichnet oder neuerdings als ‚electronics' etikettiert wird, hat letztlich auch etwas mit einem verändertem Soundgefühl, mit einer neuen Klang-Ästhetik zu tun. Im Januar 1943 gründete Pierre Schaeffer in Paris den „Club d'Essai“, eine Forschungsstelle radiophoner Kunst. Damit setzten die Benutzer der inzwischen existierenden Klangerzeuger nur konsequent fort, was die Technik bieten konnte. Zum einen war es der Rundfunk als Übertragungseinrichtung von Sprachen, Musik und Geräusch; das Magnetband als Speichereinrichtung musikalisch-konzeptioneller Ideen und zum anderen die futuristischen Konzeptionen einzelner Musiker und Techniker. Die neuen Medien waren und sind eine Herausforderung für künstlerische Prozesse. Am 18. März 1950 fand in der „Ecole Normale de Musique“ in Paris ein Konzert ohne Musiker und Instrumente statt. Lautsprecher füllten Raum und Bühne. „Musique concrete“ hieß das Zauberwort, das sozusagen den Grundbaustein der folgenden Elektronischen Musik bzw. der ‚electronics' im späteren Pop- und Rockbereich darstellte. Nicht mehr der einzelne Ton, die Harmonie und der Rhythmus standen im Zentrum der musikalischen Absicht, sondern die Klangstruktur, -mischung, -konzeption. In den 50er Jahren setzte die Computerentwicklung ein, und erneut begann die Technik Musikkonzepte zu prägen. Zunächst als Kuriosität bewertet, begann man zum Beispiel 1955 bei RCA einen Synthesizer, der Klänge analog erzeugte, mit einem Lochstreifen zu steuern. 1972 experimentierte der englische Komponist Peter Zinovieff mit einem Minicomputer. Dabei wurden 64 Digitaloszillatoren mit einem Computer gekoppelt, um damit Schwingungsdaten in Klänge zu wandeln. Dieses „Vocom"-System gilt heute als ein Vorläufer der modernen Musikcomputer. Damit zeichnet sich ab, daß Instrumente heute immer mehr im Zusammenhang mit der Klangverarbeitung gesehen werden müssen. Dabei spielt es keine Rolle, ob es sich um ein Naturinstrument handelt, oder um einen digitalen Synthesizer. Entscheidend für den Musiker ist letztlich das Soundergebnis. Trotzdem, und das ist wieder kurios an dieser Entwicklung, werden Naturinstrumente durch die synthetischen Klangerzeuger nicht verdrängt. Im Gegenteil Saxophonpassagen oder Blockflöten und vieles mehr bilden einen reizvollen Kontrast zu synthetischen Klangkonstruktionen.

Hammond-Orgel

1929 gründete Ch. L. Hammond (1895–1973) die Hammond Instrument Company. Damit wollte er seine Idee, eine Mischung aus elektrischer und mechanischer Orgel, verwirklichen. Herauskam ein Instrument, das auch heute noch eine Art Klangideal elektrischer Orgeln darstellt. Der erste, 1934 vorgestellte Typ, enthielt für jeden Ton ein System aus rotierenden, gezahnten Metallscheiben und elektromagnetischen Tonabnehmern. Dadurch war es möglich eine Wechselspannung zu induzieren, deren Frequenz sich aus der Anzahl der Zahnung und der Umdrehungsgeschwindigkeit ergab. Dabei wandte man einen Trick an, denn die Anzahl der Zähne konnte man nicht wie eigentlich erforderlich, ins unbegrenzte steigern. Dieser Trick bestand in einem ungenauen Verhältnis zwischen

Zähneanzahl und erforderlicher Stimmung. Das hatte zwar den Nachteil unvermeidlicher Stimmungsunterschiede, brachte aber eine Konstanz der einmal eingegebenen Stimmung. Die Grundstimmung konnte ohnehin nur durch die Drehzahl des verwendeten Synchronmotors gesteuert werden. Aus einem Satz von 91 Scheiben wurden nun alle Klänge aus jeweils sieben Teiltönen erzeugt. Der 7. Teilton fiel weg, da er außerhalb der temperierten Stimmung liegt.
Die große Anzahl der Zahnradgeneratoren erklärt sich aus der Tatsache, daß ein Generator allein keine Obertöne liefern konnte. Es mußten also mehrere Generatoren zusammengeschaltet werden. Hammond entwickelte dafür das Zugriegel-System; Widerstände, über die die Stärke der einzelnen Teiltöne geregelt werden konnte. Dieses System und eine Beschränkung aus technologischen Gründen auf ca. 8 Obertöne, ergab den typischen Grundklang der Hammond-Orgeln. Ein Sound, der trotz einiger Effekte wie Vibrato, Tremolo oder Hall und Percussion (seit 1955) und vieler Registrierungsmöglichkeiten jederzeit erkennbar bleibt. Diese additive Klangsynthese und das eigenwillige Spielgeräusch (Tastenclick) ergaben jenen rauhen, heißeren quirligen Klang. Ab 1974 stellte man die Produktion von elektromechanischen auf elektronische Modelle um. In Verbindung mit der Hammond-Orgel steht der sogenannte Leslie-Effekt. Benannt nach einer Firma innerhalb der Hammond-Werke bestand dieser mechanische Effekt aus einer besonderen Schallabstrahlung (Tonkabinett). Eine Scheibe wurde drehbar vor einem Lautsprecher installiert und rotiert um die eigene Achse. Eine gewisse Richtwirkung wird dabei durch ein aufgesetztes Horn vor einem Lautsprecher erzielt. Es entsteht ein schwebender, raumartig wirkender Klang, der durch eine regelbare Drehgeschwindigkeit variiert werden kann. Ein ähnlicher Effekt läßt sich auch mit rein elektronischen Geräten erzielen. Mit

Hilfe des Scanner wirkt dieser quirlige Sound auch schon durch die Hammond-Orgel selbst. Die technische Konstruktion läßt die Hammond-Orgeln eher den stationären Instrumenten zu ordnen und ist vom Transportaufwand mit dem des Klaviers vergleichbar. Trotz der Einführung elektronischer Baugruppen, die B 200 wird zum Beispiel nur noch durch Mikrochips und Minicomputer gesteuert, liegt das Gewicht immer noch so um die 80 kg.
Der Hammond-Typ B 3000 verfügt über folgende Klangvarianten:

- Electric Piano, Grand Piano (klavierähnliche Klänge)
- Second and Third Harmonic Percussion (der berühmte Hammond-Anschlag mit Zuschaltung der Oktave bzw. Quinte)
- Hall, Vibrato, Leslie

Der Siegeszug der Hammond-Orgel begann mit dem Rhythm & Blues Ende der 30er Jahre. Bereits 1937 verließen 3000 Orgeln die Hammond-Werke und Musiker wie Jack McDuff, Johnny Hammond, Jimmy McGriff, Shirley Scott, Bill Doggett machten die Hammond weltweit bekannt. Doch erst mit Jimmy Smith schien ab 1956 eine, dem Instrument entsprechende Spielweise Fuß zu fassen. Smith brach mit der Übertragung der Klaviertechnik auf die Hammond-Orgel und entwickelte jenes subile, unverwechselbare Klanggefühl, das dieses Instrument so beliebt machte. Eine weitere Wandlung in der Spieltechnik begann 1965 mit Khalid Yasin (Larry Young). Er übertrug ein Spiel im Geiste John Coltranes auf die Hammond-Orgel. Er brach mit dem Pulsieren nach Rhythm & Blues-Manier und verzichtete auf Blues- und Soulklischees. Rock-Hammond-Organisten tendieren sowohl zur Smith-Spielweise als auch zur Yasin-Art. Musiker wie Steve Winwood, Ray Manzarek, Al Kooper, Bocker T. Jones, Brian Auger, Jon Lord, Billy Preston, Keith Emerson (bei The Nice) u. a. verkörpern diesen typischen Hammond-Rock-Organisten.

Abb. 79. Hammond-Orgel

Plattenhinweis:

America	K. Emerson/ The Nice	MUZA SX 1235
Bach 75	Electra	AMIGA 855 501
Threnody in the Memory of Bem	C. Niemen	MUZA SXL 0576
Burleska	Collegium Musicum	OPUS 91150261

E-Orgel

Die große Zeit der vollelektronischen Orgeln begann Mitte der 50er Jahre. Die Röhre wurde vom Transistor abgelöst, der Dauertongenerator durch elegantere Technologien ersetzt. Schwangen beim Dauertongenerator noch alle Töne ständig mit – nach dem Tastendruck sprang der Ton sofort an – versuchte man zunächst das Problem der Einschwingvorgänge mit Hilfe von Einschwing- bzw. Kurztongeneratoren zu lösen. Der Generator wurde erst beim Drücken der Taste ein- bzw. ausgeschaltet und das hatte einen weicheren, nicht zu technisch wirkenden Klang zur Folge. Bis Ende der 60er Jahre setzte man E-Orgeln aus einer Vielzahl von einzelnen Baugruppen zusammen. Mindestens zwölf Generatoren waren erforderlich, um alle Töne einer Tonleiter zu erzeugen. Die unteren Oktaven entstanden durch Frequenzteilung. Mit dem Einsatz von integrierten Baugruppen änderte sich noch einmal der Grundaufbau der E-Orgeln. Alle Töne entstanden nun durch einen Masteroszillator. Diese Tonfrequenzen, die über bestimmte Teilungsverfahren gewonnen wurden, bildeten die Ausgangsbasis für die weitere Formung des Klangmaterials. Der Grundton wird mit Obertönen angereichert, die sich entweder aus einzelnen Tönen zusammensetzen (additives Verfahren) oder sie werden aus einem Obertongemisch herausgelöst (subtraktives Verfahren). Obertonreiche Sägezahnschwingungen sind u. a. dafür das Ausgangsmaterial. Die gewünschten Klangfarben lassen sich dann durch Filter herstellen. Um 1980 entwickeltee sich die dritte E-Orgel-Generation. Die digitale Klangerzeugung und Formung setzt ein und bestimmte Steuervorgänge laufen automatisch ab. Mit Hilfe eines Syntheseverfahrens können nun Schallsignale gespeichert werden, d. h. der Schwingungsverlauf wird über einen Analog/Digital-Wandler in sogenannte Proben zerlegt und steht in speziellen Speicherbausteinen zum Abruf bereit. Drückt nun der Musiker auf die Taste seiner digitalen E-Orgel, so beginnt ein umgekehrter Prozeß, das Digital-Signal wird wieder in einen analogen Klang gewandelt. Damit wurde es auch möglich Naturinstrumente nahezu original nachzubilden. Eine weitere Auffälligkeit dieser 3. Orgel-Generation sind die Rhythmussektionen. Zunächst setzte man bestimmte Klänge wie große und kleine Trommel, Becken, Congas usw. nach verschiedenen Klangerzeugungsverfahren zusammen und konnte sie geordnet nach Rhythmusstrukturen wie Walzer, Tango, Rock n' Roll usw., per Knopfdruck abrufen. Die uniform wirkenden Rhythmen änderten sich in ihrer Charakteristik mit dem Einsatz sogenannter Drum-Sets, digital gespeicherte Schlagzeugklänge, die programmierbar sind und damit je nach dem individuellen Erfordernis zusammengesetzt werden können. Darüberhinaus verfügt diese Orgelgeneration über eine Begleitautomatik, d.h. das Instrument liefert selbständig Harmonien bzw. gewählte Intervalle zum Baßlauf oder wiederholt nach Belieben eingegebene Melodie- oder Baßfiguren. Diese Spielhilfen werden von Musikern selten als sinnvoll angesehen und bestenfalls bei Sequenzen oder ostinaten Figuren verwendet. Weitaus interessanter ist in diesem Zusammenhang die Kopplungsmöglichkeit, die sich aus der Digital-Technik ergibt. Über normierte Daten-Schnittstellen lassen sich weitere Geräte wie Synthesizer oder Computer ansteuern. Dadurch wird es möglich, unterschiedlichste Geräte miteinander zu verbinden und neue Klangvarianten bzw. Spielmöglichkeiten zu realisieren. Man spricht von MIDI (Musical Instrument Digital Interface). In zunehmendem Maße werden moderne Keyboard-Instrumente mit dieser Norm ausgestattet.

Die folgende Zusammenstellung gibt einen Überblick über die wichtigsten Bedienungs- und Klangeinrichtung einer E-Orgel:

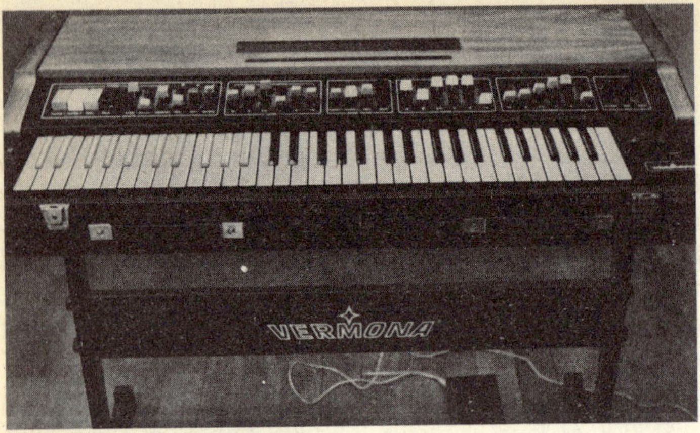

Abb. 80. einmanualige E-Orgel

Abb. 81. zweimanualige E-Orgel

Additives System – prinzipielles Verfahren, um durch Addition verschiedene Sinusschwingungen in Klangfarben umzusetzen. Dabei werden in der Regel bis zu neun Teiltöne benutzt, die mit folgenden „Fußlagen" bezeichnet werden: 16′, 8′, 5 1/3′, 4′, 2 2/3′, 2′, 1 3/5′, 1 1/3′, 1′. Diese erzeugten Töne müssen in ihrer Ausgangsspannung kontinuierlich regelbar sein.

Formant-Klangfarben – oberwellenreiche (große Anzahl von Obertönen) Klänge

Fuß-Bezeichnungen – nach der englischen Maßeinheit „Fuß" (1′ = ca. 30 cm) bezeichnete Länge der Orgelpfeifen. Je nach Wahl des jeweiligen Registers lassen sich bei E-Orgeln unterschiedliche Tonhöhen (meist durch Frequenzteilerschaltungen) abrufen. Beispiel: (für den Ton ′c′)

8′ klingt wie notiert C (65,4 Hz)
16′ klingt eine Oktave tiefer C_1 (32,7 Hz)
4′ klingt eine Oktave höher c (130,8 Hz)
2′ klingt zwei Oktaven höher c^1 (216,0 Hz)
1′ klingt drei Oktaven höher c^2 (523,2 Hz)
1/2′ klingt vier Oktaven höher c^3 (1046,5 Hz)

Knieschweller – Metallbügel, der mit dem Knie bedient, das Einblenden bestimmter Mixturen ermöglicht.

Manualteilung – bestimmte Spielbereiche, z. B. Baßoktaven (16′ und 8′) können abgetrennt werden. Die Lautstärke kann für diesen Bereich dadurch getrennt geregelt werden (laute Bässe – leise Melodie und umgekehrt).

Mixturen – sind bei E-Orgeln vorbereitete Klangfarbenkombinationen. (Split)

Pedal – Bedienungselement für die Füße, z. B. Baßregister (Baßpedal) oder Hilfsmittel für Steuerung von Klangregeleinrichtung (Lautstärke).

Percussion – der Ton setzt bei gedrückter Taste mit einer Amplitudenspitze ein und kann regelbar variabel abklingen.

Register – Schalteinrichtungen für verschiedene Klangfarben.
Repeat-Percussion – die Töne werden in regelbaren Abständen wiederholt.
Schieberegister – Regler mit einem linearen Regelweg für Lautstärke oder Intensität.
Reverb – Nachhalleinrichtung
Sinus-Ton – obertonfreie Schwingung
subtraktives System – aus einem obertonreichen Klang werden durch Filter bestimmte Bereiche herausgelöst, verstärkt oder abgeschwächt.
Sustain – der Ton klingt nach dem Loslassen der Taste in einer regelbaren Zeit allmählich ab.
Tremolo – Amplitudenmodulation der Tonfrequenz, die als Lautstärkeschwankung hörbar wird.
Vibrato – Frequenzmodulation des Klangspektrums, die als Tonhöhenschwankung hörbar wird.

Moderne Orgelausführungen sind zusätzlich mit verschiedenen Effekten wie Wah Wah, Equalizer, Phaser usw. ausgerüstet, können aber auch mit externen Effektgeräten gekoppelt werden (siehe Abschnitt Effekte).

Die ursprüngliche Funktion der E-Orgel als dominierendes elektronisches Instrument ist durch eine Vielzahl von In-

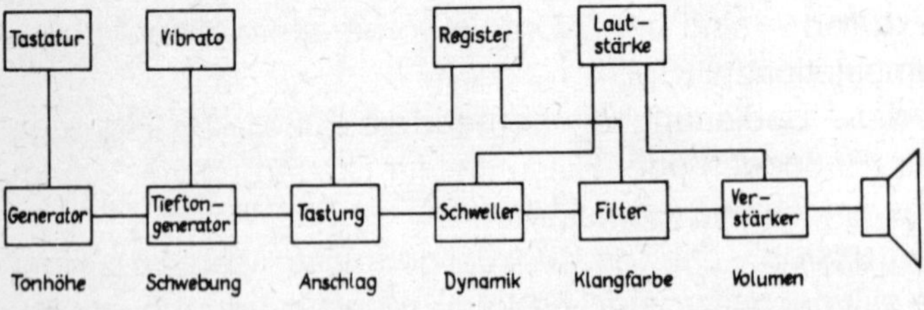

Abb. 82. Prinzipdarstellung und Funktionsgruppen einer E-Orgel

strumentenkombinationen und multifunktionale Keyboards abgeschwächt worden. Vieles, was früher ausschließlich eine E-Orgel realisieren konnte, wird heute durch Synthesizer miterfüllt. Trotzdem behält die E-Orgel als ein wirkungsvolles Instrument, gerade für Gruppen, die nicht zu sehr auf den Keyboard-Sound festgelegt sind, ihre Bedeutung. Einige praktische Beispiele aus der E-Orgel-Produktion sollen diesen Abschnitt beschließen:

„Formation“ (Vermona) – Obermanual: 16′, 8′, $5\frac{1}{3}$′, 4′, 2′, $1\frac{3}{5}$′; Untermanual: 8′, 4′, $2\frac{2}{3}$′, 2′, $1\frac{3}{5}$′, 1′; Phaser, Hall, Softregler, Soloregister (Oboe, Klarinette, Nasal)

„VK – 09“ (Roland) – 61 Tasten, Sinus und Rechteckschwingungen mischbar; 16′, $5\frac{1}{3}$′, 8′, 4′, $2\frac{2}{3}$′, 2′, Softregler

„BX – 3“ (Korg) – 61 Tasten, 2 Manuale, Höhen und Tiefenregler pro Manual getrennt, elektronisches Leslie, Vibrato, hammondähnlicher Klang

„C 86“ (Hohner) – 61 Tasten, ein Manual, Klangfarben: Orgel, Piano, Baß; Register: 16′ bis 1′; Sustain; Manualteilung möglich

Farfisa-Partner 255 R (Farfisa/Italien) – 2 Manuale mit je 44 Tasten; Flöten-, Becken-, Leslie-Register; automatischer Baß- und Wah-Wah-Effekt, Rhythmus- und Begleitautomatik

Plattenhinweis:

Wege mit gutem Namen	Joco Dev	AMIGA 855 331
Mädchen auf der weißen Bank	Th. Natschinski Gruppe	AMIGA 855 747

E-Piano *(e-p)*

Wie der Name schon ausdrückt, ist das E-Piano der Versuch, mit elektromechanischen bzw. elektronischen Mitteln den Klang eines Klaviers zu imitieren. Je nach Anwendung des Tonerzeugungsprinzips ergeben sich unterschiedliche Klangergebnisse, die in der Tat bis zum täuschend echten Klavierton gehen können. In der Rockmusik werden folgende Instrumente als typische E-Pianos angesehen:

Fender-Rhodes Piano/Wurlitzer Piano – beide Instrumente verwenden kleine Metallzungen bzw. Stäbe als Generatoren und haben Regeleinrichtungen für Vibrato und Lautstärke sowie eine mechanische Dämpfungseinrichtung über ein Pedal (Abb. 83).

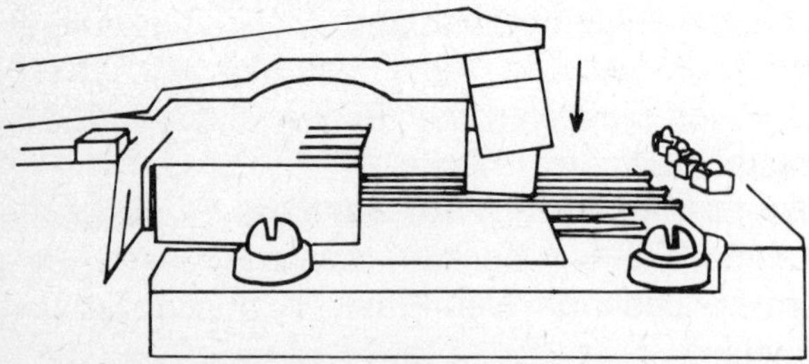

Abb. 83. Wirkungsweise eines Wurlitzer-Pianos

E-Piano – ist ähnlich der E-Orgel ein voll elektronisches Instrument, das in seiner Klangformung auf die Imitation des Klaviers bzw. Cembalo usw. ausgerichtet ist.
Abb. 84

Clavinet – ist ein spezielles, von den Harmonikawerken „Hohner“ (BRD) entwickeltes E-Piano, das über einen Hebelmechanismus Saiten zum Schwingen bringt, die induktiv in elektrische Spannungen gewandelt werden. Der Tonerzeugungsmechanismus ist vergleichbar mit der

Abb. 84a. E-Piano

Tangentenmechanik. Die Intensität des Tones kann in geringem Maße durch die Stärke des Anschlags beeinflußt werden.

Das Hohner D 6 ist mittlerweile das legendärste Instrument dieser Art und durch seinen typischen Klang noch von keiner anderen Konstruktion erreicht worden.

Yahama-Piano – stellt unter den E-Pianos die technologisch und klanglich höchste Stufe dar. So werden z. B. in den Modellen GS-1 und GS-2 die Klangfarben auf Magnetkarten gespeichert und sind beliebig austauschbar. Diese Instrumente sind 12fach polyphon spielbar und mit Vibrato-, Tremolo-, Ensemble-Effekt und Touch Response ausgerüstet. Die Klaviatur ist in Spielweise und Anschlagvarianten mit dem Klavier vergleichbar. Die Yamaha-Instrumente dieser Art stellen schon gewisse Grenzfälle dar und werden in der Musikpraxis eigentlich nur wegen ihres klaviertypischen Klanges und ihrer äußeren Form (ähnlich einem Stutzflügel) als E-Piano bezeichnet, obwohl sie durch ihre weitaus weitgefächerteren Funktionen eher Synthesizer sind.

Genauso mehrdeutig sind Instrumentenkombinationen, die landläufig als „Mellotron" bezeichnet werden. Bei-

spiele für multifunktionale E-Pianos sind am Schluß des Kapitels Mellotron zu finden.
Einige charakteristische E-Pianos sind:
„Fender-Rhodes“ – und das Wurlitzer Piano mit metallischem Klang, dynamischem, klavierähnlichem Anschlag
„ARP 4-Voice“ – dynamischer, klavierähnlicher Anschlag; Klavierklang, Sustain, Vibrato
„Roady“ (Crumar) – klavierähnlich, variabel zwischen „Mellow“, „Bright“ und „harpsichord“, Vibrato, Percussion
„Electric Grand CP-70/CP-80“ (Yamaha) – nicht elektronisch, vergleichbar mit Fender-Rhodes; dem Klavier am ähnlichsten
„E-Piano“ (Vermona) – 5 Oktaven-Klaviatur, Piano, Clavichord, Spinett, Tremolo, Sustain

Plattenhinweis:

Nochmal klein sein	Modern Soul Band	AMIGA 855 555
Killing Me Softly	Roberta Flack	AMIGA 855 720
Auferstehung	Jazz Q	AMIGA 855 474
Superstition	Stevie Wonder	AMIGA 855 581

Mellotron/Strings *(mellotron)*

Das Mellotron, als eine Art synthetisches Streichorchester, wird in der Praxis auch oft nur kurz als „Strings“ bezeichnet. Der Ursprung der heute häufiger verwendeten elektronischen Mellotrone war das sogenannte Bandschleifen-Mellotron, das äußerlich einem Flügel bzw. Klavier entsprach. (Höhe: 100 cm, Breite: 130 cm, Tiefe: 70 cm, Masse: 160 kg). Pro Taste mußte eine Kombination von Magnetkopf und Band mit aufgezeichnetem Signal (Streichinstrumente, Bläser, menschliche Stimme, Glokken usw.) vorhanden sein. Durch den Druck auf die Taste, die mit einer Gummiandruckrolle gekoppelt ist, wird ein Magnetband am Magnetkopf vorbeibewegt (siehe Abb. 46). Wird die Taste wieder losgelassen, zieht sich die Feder an der Umlenkrolle zusammen, und das Band löst sich wieder vom Magnetkopf. Die Spieldauer eines Tones ist begrenzt und beträgt etwa 8 Sekunden, bei einer Transportgeschwindigkeit von 19 cm/sec. Die Instrumente dieser ersten Mellotron-Generation waren mit 70 Magnetköpfen ausgerüstet und konnten bis zu 1260 Klangeffekte hervorbringen.

Man kann sich gut vorstellen, daß dieses Prinzip nicht nur mechanisch sehr aufwendig ist und kaum einen mobilen Einsatz zuläßt, sondern auch von begrenzter Haltbarkeit (Abnutzung der Tonköpfe, Dehnung des Bandes usw.) ist.

Der Begriff Mellotron geht übrigens auf die englische Firma „Mellotronics" zurück, die diese Instrumentenart entwickelt hat.

Die zweite Generation der Mellotrone basiert auf rein elektronischen Generatoren, die je nach Wunsch Streicher, Bläser oder Klavier ähnliche Klänge produzieren. So vereinen moderne „Mellotrone" auch gleich mehrere Klangfunktionen und sprengen die doch hauptsächlich auf eine Funktion zugeschnittene „Mellotron"- oder E-Piano-Kategorie:

„Piano-Strings" (Vermona) – Piano, Clavichord, Spinett, Violine, Viola, Cello

„Performer" (Crumar) – Blechbläser, Streicher

„Multiman" (Crumar) – Violinen, Baß, Blechbläser, Piano

„Multichrom" (Farfisa) – Clavinet, Piano, Bläser, Streicher, Chor

„G-310/410/520" (JVC) – Violine, Klarinette, Flügelhorn, Piano, Cembalo, Vibraphon

„MK 1" (Moss) – Piano, Harpsichord

„MK4" (Moss) – Streicher, Bläser

Abb. 84b. Piano-Strings

Plattenhinweis:

Vincent van Gogh	Lift	AMIGA 855 814
Der Frühling	Stern Meißen	AMIGA 855 652
Any Colour You Line	Pink Floyd	AMIGA 855 667

Synthesizer *(syn)*

Der Synthesizer ist vor allem in den 70er Jahren zum Sound bestimmenden Instrument geworden. Die Entwicklung von Moog fand in Walter Carlos einen Protagonisten, der mit seiner Bachinterpretation („Switch on Bach", 1968) auf dem Moog-Synthesizer die Möglichkeiten aufzeigte, die in diesen Instrumenten oder Geräten stecken. Die Klangpalette reicht vom Naturinstrumenten-Imitat bis zum nicht mehr beschreibbaren Klang. Quantitativ beziffert man die Klangmöglichkeiten mit 8stelligen Zahlen.
Synthesizer sind hochkomplizierte elektronische Geräte,

deren Beschreibung sich in diesem Zusammenhang nur auf allgemeinste Bausteine und Möglichkeiten beschränken kann. Generell können mit dem Synthesizer Klänge erzeugt, imitiert, geformt und externe Klänge verarbeitet sowie vom Spieler unabhängige Tonfolgen abgerufen werden.
Robert A. Moog gelang es mit dem Prinzip der Spannungssteuerung eine Vielzahl von Einzelfunktionen zu regeln und individuell zu beeinflussen. Parameter wie Frequenz, Amplitude, Modulationsgrad- bzw. -hub, Ein- und Ausschwingverhalten oder Nachhall können sowohl manuell als auch durch die elektronische Reglung verändert werden. Die Spannungssteuerung eröffnet die Möglichkeit einer flexiblen Programmierung und der Erweiterung von Funktionseinheiten durch zusätzliche Module. Moog's erste Synthesizer konnten auf Grund ihrer Größe und ihres komplizierten Bedienungsaufwandes nur als stationäre Instrumente angesehen werden. Durch die sich entwikkelnde Elektronik war Moog 1970 in der Lage, seinen berühmten Mini Moog vorzustellen. Damit stand ein Instrument in kompakter Bauweise und überschaubarem Bedienungskomfort zur Verfügung. Eine weitere Entwicklung war der Poly-Moog, ein mehrstimmig spielbarer Synthesizer.
Das Prinzip der Spannungssteuerung wurde Mitte der 70er Jahre von vielen Instrumentenbauern aufgegriffen und die Entwicklung von Spezialsynthesizern begann. Prinzipiell lassen sich Synthesizer in folgende Kategorien einteilen:
Lead Synthesizer – sind die Grundtypen der Synthesizerentwicklung; einstimmig spielbar; hauptsächlich als Melodieinstrument verwendet; Grundaufbau: VCO, VCF, VCA; Typen: Mini Moog, Korg MS 10, Roland SH 2
Speicherbarer Leadsynthesizer – prinzipiell gleicher Aufbau wie die Lead Synthesizer, allerdings können mühevoll

gefundene Klangsynthesen in einen Speicher überspielt werden und sind damit schnell abrufbar;
Typen: Yamaha CS 40m, OB-1, Roland Promars

Preset Synthesizer – verfügen über eine bestimmte Anzahl fest programmierter Klänge (z. B. String-Synthesizer), die auch einen schnellen Wechsel der Klangvarianten ermöglichen; Ein- und Ausschwingvorgänge können individuell geregelt werden;
Typen: Arp Pro DGX, Korg Sima

Polyphone Synthesizer – mehrstimmig spielbares Instrument; können als Keyboard mit vorprogrammierten Stimmen ausgelegt sein aber auch als eine Kopplung einzelner Synthesizerkomponenten;
Typen: Poly-Moog, Yamaha CS 60, Korg PS 3100

Frei programmierbare Synthesizer – besitzen für die komplette Tastatur entsprechend viele Einzelsynthesizer; die als Module ausgelegt sind und erweitert werden können; damit kann jederzeit die Klangsynthese gesteuert und individuell beeinflußt werden;
Typen: Roland System 100 M, System 700

Digitaler Synthesizer – basiert auf modernster Computertechnik und bietet nahezu unbegrenzte Möglichkeiten der Klangsynthese; das System der Spannungssteuerung wird durch die Digitalsteuerung erweitert, d.h. die Programmierung erfolgt über einen Algorithmus; wird auch als Kopplung zwischen Computer und Keyboard (Steuereinrichtung) ausgelegt;
Typen: DX 7, RX 11 (Drum-Computer), Synklavier, PPG, Fairlight.

Die prinzipielle Wirkungsweise eines Synthesizers ist in Abb. 85 dargestellt. Die einzelnen Funktionsmodule (Synthesizerbaugruppen) sind nachstehender alphabetischer Übersicht, in ihrer Bedeutung und Funktion allgemein, zu entnehmen:

ADSR – Attack, Decay, Sustain, Release

Attack – Abklingzeit eines Tones, Bestandteil des Envelope Generators

Bandpass – ermöglicht ein nach oben und unten begrenztes Frequenzspektrum

Decay – die Zeit wird festgelegt, in der der Ton auf eine bestimmte Lautstärke abfällt

EG *(Envelope Generator)* – Hüllkurven-Generator, mit dem sich die Form des Tones vom Tastenniederdruck bis zum Verklingen einstellen läßt.

Damit wird vor allem über den VCA der Lautstärkeverlauf der Hüllkurve geregelt. Bestandteile des EG's sind: Attack, Decay, Release, Sustain

Highpass – (Hochpaß) schneidet tiefe Frequenzen weg, läßt Höhen durch

LFO *(Low Frequency Oscillator)* Niederfrequenzoszillator zur Ansteuerung von VCO; für Vibratoeffekte, Sirenengeräusche; Anwendung ist vom Synthesizertyp abhängig.

Lowpass – (Tiefpaß) läßt je nach Einstellung tiefe Frequenzen passieren.

Pitch Bend Ribbon Controller – durch ein Sensorband, ein Rad- oder Schieberegler, kann der Ton in Höhe und Tiefe verändert werden. Kann auch zur Steuerung des LFO dienen. Läßt man die jeweilige Regeleinrichtung wieder los, kehrt der Ton in seine ursprüngliche Tonhöhe zurück.

Portamento – stufenloses Gleiten von einem Ton zum anderen; vergleichbar mit der Slide-Gitarre.

Release – regelt die Ausklingzeit nach dem Loslassen der Taste; ist eine Art Nachhall, der allerdings bei einfachen Synthesizern durch das Drücken der nächsten Taste abgeschnitten wird.

Resonance – Rückkopplung, die in Verbindung mit der jeweiligen Filtereinstellung Obertöne hervorheben.

Sequenzer – Speichereinrichtung von Tonfolgen, die per Tastendruck abgerufen werden und beschleunigt oder

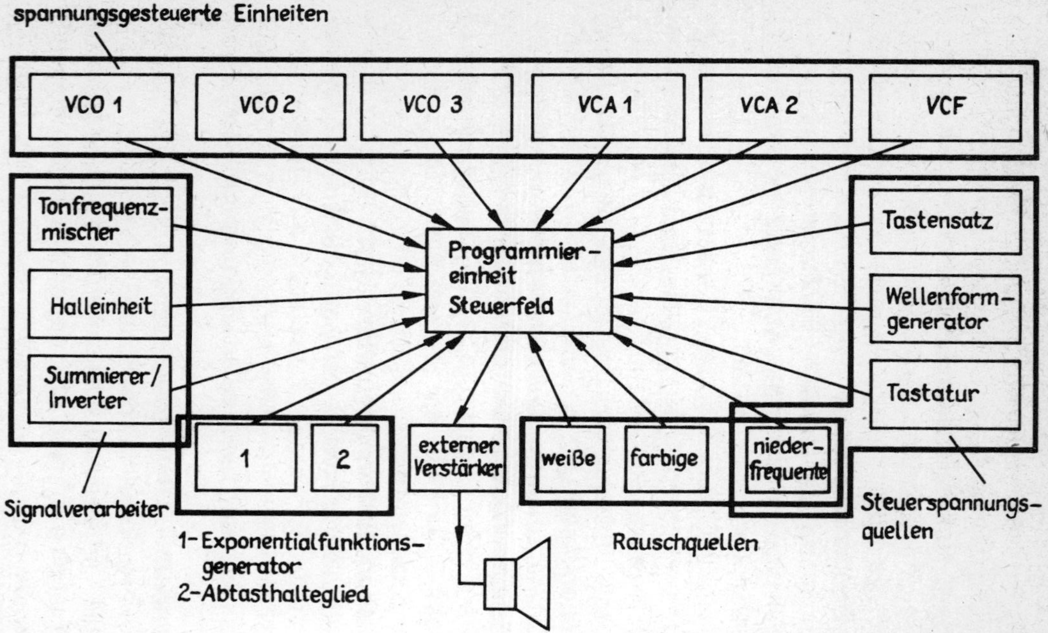

Abb. 85. Prinzipdarstellung und Funktionsgruppen eines Synthesizers

verlangsamt wiedergegeben werden können. Je nach Ausführung ist eine Transposition der jeweiligen Tonfolge auf eine eingestellte Tonhöhe möglich.

Sustain – Zeitregler, der die Abklingzeit nach dem eingestellten Wert regelt.

Touch Sensor Effekt – ein vom Tastendruck abhängiger Effekt, z. B. Lautstärke, Vibrato, Wah usw.

VCA (Voltage Controlled Amplifier) – spannungsgesteuerter Verstärker.

VCF (Voltage Controlled Filter) – spannungsgesteuertes Filter, das es ermöglicht, den jeweils benötigten Frequenzbereich herauszufiltern; Bestandteile sind Lowpass (Tiefpaß), Highpass (Hochpaß), Bandpass (Bandpaß), Resonance, Bandsperre.

VCO (Voltage Controlled Oscillator) – spannungsgesteuerter Oszillator; bestimmt die Oktavlage und Wellenform (Sägezahn-, Rechteck-, Dreieckschwingung, Impulswelle, Rauschen) und die Gesamtstimmung des Instrumentes (Pitch): ist der Tonerzeuger im Synthesizer.

„Du mußt als Synthesizerspezialist nicht jedes Detail wissen, was in dem Gerät vorgeht, du mußt wissen, was pas-

Abb. 86. Funktions- und Bedienungselemente eines Synthesizers

siert, wenn man diese Kreise schließt oder jenen Knopf dreht. Wir sind mit soviel Technik umgeben. Jede Hausfrau weiß, wie man mit einer Waschmaschine umgeht. Und eine Waschmaschine und ein Synthesizer sind irgendwo das gleiche. Es gibt Programme und Knöpfe, bei dem einen Gerät kommt saubere Wäsche heraus, bei dem anderen Töne."

Diese Aussage über den Synthesizer stammt von Klaus Schulze, der seit Jahren als einer der profiliertesten Synthesizer-Musiker in Europa gilt. Schulze zieht eine eindeutige Grenze zwischen dem, was ein Musiker von einem Instrument wissen muß und was ingenieurtechnische Kenntnisse voraussetzt. Eine Grenze, die auch bei einer Betrachtung des Rock-Instrumentariums gezogen werden muß. Verlassen wir deshalb an dieser Stelle die „Innereien" eines Synthesizers und betrachten noch einige Spezial-Synthesizer:

Bläsersynthesizer – Geräte, die den Klang eines Blasinstrumentes (meist Flöte oder Saxophon) als Generator benutzen, eine zusätzliche Mehrstimmigkeit ermöglichen, mit synthetischen Klängen modulieren und vielfältige Klangformungen ausführen. Eine Variante dieser Synthesizer-Art ist speziell für die Gitarre ausgelegt und wird als Gitarrensynthesizer bezeichnet.

Electronic Drums – für übliche Trommeln werden 6eckige Schlagplatten von etwa 5 cm Stärke verwendet. Genauso wie ein herkömmliches Schlagzeug wird dieses Instrument auf Ständern aufgebaut und gespielt. Die jeweils charakteristischen Klänge (snare, bass, toms) sind in mehreren Varianten, z.B. bei den Toms vom normalen Klang über Rototoms bis zum Paukeneffekt, elektronisch schon fixiert. Die „große Trommel" wird mit einer traditionellen Fußmaschine gespielt, ebenso wird die Hi-Hat bedient. Mit dem Hi-Hat-Pedal lassen sich verschiedene Klangfarben (geschlossen, halboffen, offen) erzeugen.

Abb. 87. Electronic Drums

Lautstärke und Klangkorrekturen sind über einen Mixer einstellbar.

Die Becken sind nach wie vor aus Metall und sehen auch aus wie Becken, doch sind auch elektronische Lösungen in Arbeit (Abb. 88).

Fairlight-Synthesizer – das Instrument kann ganz konventionell über Tasten oder Berührungsmanual gespielt werden. Man kann aber auch komplexe Klangstrukturen erzeugen, die unabhängig von Manual und Tasten sind. Tonfolgen, Tonhöhen, Klangfarben werden über eine Art Schreibmaschinentastatur (alphanumerische Tastatur) eingegeben. Eine dritte Spielebene ist der Bildschirm. Mit einem Lichtschreiber können Wellenformen gezeichnet werden, die sich direkt in Klänge umwandeln. Weiterhin steht ein Mikrofon zur Verfügung, über das Schallquellen verarbeitet und gespeichert werden. Die Tonerzeugung beim Fairlight ist digital. Töne, die bei analogen Geräten durch Oszillatoren erzeugt werden, werden hier mathematisch ermittelt und durch Zahlenkombinationen gespeichert. Das Obertonspektrum wird additiv aufgebaut mit einer Genauigkeit bis zu 32 Teiltönen. Dieser Vorgang läßt sich nun auf den Bildschirm ‚aufmalen' oder man gibt einen Originalklang (Klavier, Flöte usw.) ein und der Computer errechnet das dazugehörige Obertonspektrum. Daraus ergibt sich eine Klangvariante, die bei herkömmlichen Synthesizern nicht möglich war, das Modulieren zweier natürlicher Schallquellen, also z. B. menschliche Stimme und Klavier. In diesem Gerät befindet sich auch eine Composer-Einrichtung, in die der Musiker nur bestimmte Elemente (Tonfolgen, Tonabstände, Dauer usw.) einzugeben braucht, und der Computer setzt dann nach eigenen Regeln das Ganze zu Musik zusammen.

Drum-Computer – Gerät, mit dem ein Synthesizer durch Mundbewegungen gesteuert werden kann. Also durch Anblasdruck, Lippenstellung usw.

Rhythmus-Maschinen – elektronische Geräte, die entweder abrufbare, gespeicherte Rhythmus-Zusammenstellungen (Walzer, Marsch, Bossa Nova etc.) bereithalten oder frei programmierbar sind. Diese Geräte imitieren den Klang eines Schlagzeuges.

Steiner-Trompete – nach dem Erfinder Nils Steiner benannte elektronische Trompete

Umhänge-Keyboards – meist Presetsynthesizer, die ähnlich einer Gitarre getragen und über eine Tastatur gespielt werden.

Variaphon – Gerät, das digital Bläserklänge in Dynamik, Tondauer usw. speichert und in der Wiedergabegeschwindigkeit und Abspielrichtung variabel ist.

Vocoder – Modulatoren, die z. B. eine menschliche Stimme mit einem synthetischen Klang zu einem Klanggebilde gemischt werden. Das Klangergebnis ist dann die berühmte „Weltraumstimme". Synthesizer dieser Art besitzen ein Mikrofon.

Plattenhinweis:

LP Electronic Impressionen	Klaus Schulze	AMIGA 855 941
LP Pictures at an exhibition	Isao Tomita	AMIGA 855 880
LP Das geheime Leben	Reinhard Lakomy	AMIGA 855 889
LP Tangerine Dream		AMIGA 855 819
LP Zodiak		Melodja C 60-13771/72

EFFEKTE

Unter dieser Überschrift sollen einige der wichtigsten und in der Praxis verwendeten Prinzipien zur Klangformung vorgestellt werden. Trotz unterschiedlicher Bezeichnungen einzelner Geräte sind die Klangformungsmethoden ähnlich. Es wäre daher müßig und für den Nicht-Musiker ziemlich uninteressant, wenn auf jede Nuance eingegangen werden würde, da eine verbale Klangbeschreibung sowieso kaum die Vorstellung vom jeweiligen Effekt liefern kann. Es geht um eine allgemeine Funktionsbestimmung.

Effekt-Pedale

Diese Effekt-Geräte sind als Fußwippen ausgelegt, d. h., der Musiker kann mit dem Fuß kontinuierlich den gewünschten Effekt einschleifen. Der Vorteil dieser Ausführung liegt in der Bedienung, denn die Effekte können während des Spielens zugeschaltet werden.
Im Prinzip sind diese Pedale vergleichbar mit einem Potentiometer, die Drehbewegung wird mechanisch übertragen. Modernere Pedalvarianten verzichten auf die üblichen Potentiometer und verwenden elektro-optische Steuerungen (Fotozelle). Im Prinzip lassen sich in Pedale folgende Effektmöglichkeiten einbauen:
Volumen/Lautstärke *(Volume/VO)* – zur individuellen Regelung der Lautstärke
Wah-Wah-Pedal (Power Wah/PWO) – ein Filter, der eine Regelmöglichkeit bis zu sieben Oktaven zuläßt und Lautstärke regelt sowie Klangfarbenveränderungen im Obertonspektrum ermöglicht.
Wah-Volumen (Wah-Volume/WVO) – eine Kopplung aus Wah-Pedal und eingebautem Lautstärkesteller.

Verzerrer/Fuzz (Power Wah Fuzz/PWF) – eine Mischung aus Verzerrer (liefert zusätzliche Obertöne, nichtlineare Verzerrungen) und Wah-Effekt.
Flanger – eine Zusammenschaltung von Phasenmodulation, Filter und Tonhöhenmodulation. Ergibt im Klang einen durchstimmenden, auf- und abschwellenden, rotationsähnlichen Effekt.
Panoramapedal – eine Art Balanceregler, mit dem z.B. eine stereophone Übertragung durch den Spieler individuell von links nach rechts geregelt werden kann.

Manuell regelbare Effekte

Harmonizer (Oktavider) – sind Tonhöhenveränderer, d.h. zu einem eingegebenen Ton wird die darüber oder darunter liegende Oktave erzeugt. Zum Beispiel: Der Ton a^1 (440 Hz) wird eingegeben und der Harmonizer liefert a (220 Hz) oder a^2 (880 Hz) oder einen beliebig höheren oder tieferen Intervall. Mit bestimmten Harmonizer-Typen lassen sich auch Hall oder Echo-Effekte erzeugen.
Talk-Box – ist ein kleiner Spezial-Lautsprecher, der in einem Kästchen untergebracht ist und z.B. die Töne von einer Gitarre in einen Schlauch leitet, der in den Mund des Spielers führt. Damit kann nun der Gitarrist durch Volumenänderung im Mund den Klang der Gitarre ‚menschlich' machen. Man hat den Eindruck, der Gitarrenton könne sprechen.
Feedback, Rückkopplung – ist ein Effekt, der entsteht, wenn der Gitarrist mit seinem Instrument die Lautsprecherwiedergabe benutzt, um durch die abgestrahlten Schwingungen seine Gitarrensaiten noch einmal zu erregen. Es entsteht ein aufheulartiges Geräusch (oft verwendet von J. Hendrix).
Echo und Hall – werden heute meist in Mischformen verwendet und über endlose Bandschleifen mit Tonköpfen in

verschiedenen Abständen realisiert. Ältere Systeme mit Hallplatten oder Federn finden heute in der Rockmusik keine Anwendung mehr. Um mechanischen den Verschleiß, den Hall/Echogeräte mit sich bringen aufzuheben, werden auch elektronische hergestellt.
Die Analog-Geräte speichern die Modulation in Kondensatoren und digitale durch Umwandlung der analogen Impulse.

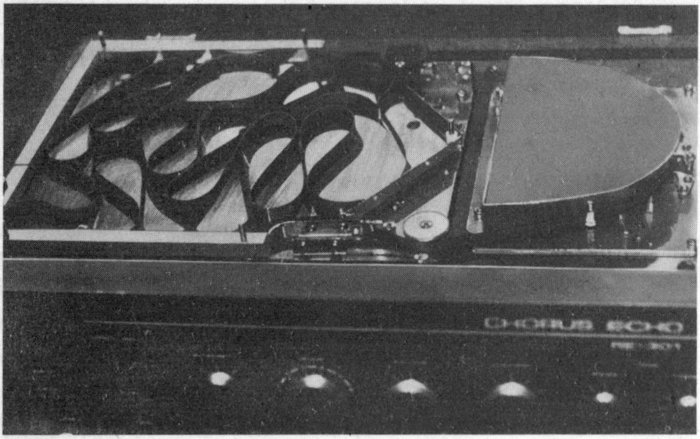

Abb. 88. Echo-Gerät mit Endlos-Bandschleife

Phaser – erzeugt eine Phasenmodulation (Phasenvibrato), die z. B. Effekte wie Kathedralsound, Rotor-Effekt usw. herstellt.
Equalizer – ist ein mehrstufig abgestimmter Klangfilter, mit dem differenzierte Klangbeeinflussungen und -korrekturen vorgenommen werden können. Diese Korrekturmöglichkeiten sind über bestimmte Frequenzbereiche verteilt.
Limiter – ist ein Begrenzer (Regelverstärker), der nur bestimmte Schwellwerte, die einstellbar sind, zuläßt. Sobald ein Pegel überschritten wird, regelt der Limiter automatisch herunter (Übersteuerungsschutz).

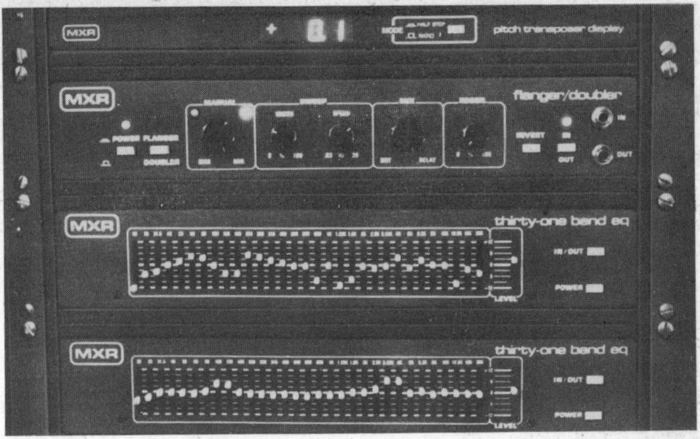

Abb. 89. Flanger, Equalizer

Compressor – arbeitet wie ein Limiter, nur daß der Pegel nicht nur heruntergeregelt, sondern komprimiert wird, d. h. der Pegelausschlag bleibt, aber die Gesamtheitslautstärke wird höher. Einsatz vor allem im Studiobetrieb.

Expander – verstärkt leise Passagen, so daß der Abstand zwischen Nutz- und Rauschpegel größer wird. Der Schwellwert, also der Punkt, wo der Expander einsetzt, ist einstellbar, muß aber über dem Grundrauschen liegen.

De-esser – ist ein spezieller Hochtonbegrenzer, der die übersteuerten Zischlaute mindert. Je nach Ausführung werden Frequenzen oberhalb 4 kHz beeinflußt, darunterliegende nicht.

Booster – arbeitet ähnlich wie ein Verzerrer bzw. Vorverstärker unter Einbeziehung von Rückkopplungseffekten; für bestimmte Frequenzbereiche ausgelegt (Treble-Booster – Höhen, Bass-Booster – Tiefen).

Chorus – ein Effekt, der zeitlich variabel die Frequenzzusammensetzung des Tonsignals beeinflußt; zum Ausgangssignal wird ein zeitverschobenes Zweitsignal erzeugt; der Klang wird verdichtet, runder, voluminöser.

Public Address System

… oder kurz „PA“, ist die Bezeichnung für das gesamte System der elektroakustischen Übertragung. In der Praxis ist darin auch ein Monitor- oder Kontrollsystem für die Musiker auf der Bühne verankert. Die Bausteine und Zusammenschaltung eines „PA“-Systems sind in Abb. 90 dargestellt.

Betrachten wir einmal die einzelnen Übertragungsfelder nach ihrer Funktion:
Im Mischpult laufen alle Modulationen zusammen und werden in ihrem Pegel und dem gewünschten Klang aufeinander abgestimmt. Welche Möglichkeiten dafür zur Verfügung stehen, verdeutlicht folgender Überblick, in dem die wesentlichsten Baugruppen und Regelmöglichkeiten eines Mixers zusammengestellt sind.
Aux, Bus, Pre, Post – ein Schalter, mit dem Effekte oder Monitorwege geschaltet werden können.
Bass Cut – ein Filter, der alle tiefen Frequenzen (etwa ab 100 Hz und tiefer) abschneidet. Zum Beispiel kann damit Trittschall oder das Einstreuen der Baßgitarre auf den jeweiligen Kanal eliminiert werden.
Echo – mit diesem Regler wird die Lautstärke des am Mischpult anzuschließenden Echo- bzw. Effektgerätes pro Kanal geregelt.
Echo return – Eingang für das verhallte Signal
Echo send – Ausgang für das zu verhallende Signal
Fader – Schiebepotentiometer für die Lautstärkeregelung
Foldback – mit diesem Regler wird die Lautstärke der Monitorboxen gesteuert.
Gain – Regler, der die Ausgangsspannungen einzelner Instrumente an die Eingangsempfindlichkeit des Mischpul-

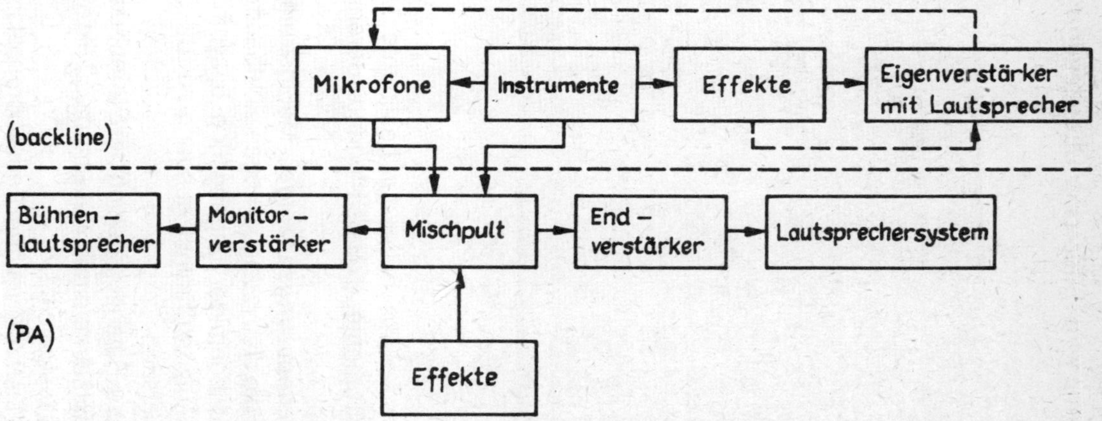

Abb. 90. Prinzipdarstellung eines PA-Systems

tes anpaßt. Damit wird Unter- oder Übersteuerungen vorgebeugt.

Abb. 91. 12-Kanal-Mixer

Hi-Lo-Schalter – Umschalter für bestimmte Mikrofontypen oder Instrumente, die hoch- oder niederohmig ausgelegt sind.
Indikator, Aussteuerungsanzeige – Meßinstrument oder Leuchtdioden, die die Aussteuerungen sichtbar machen.
Line Input – hochohmiger Eingang für g, b, synth
Line Output – niederohmiger Ausgang zu Effektgeräten oder Bandmaschinen
Pan – Regler zur Balanceregelung bei Stereobetrieb. Damit wird die Lautstärke eines Instrumentes/Mikrofons von links bis rechts festgelegt.
PFL (Pre Fade Listen) – vor dem Fader hören, also Vorregler-Abhörmöglichkeit, z. B. zur Kontrolle, ob überhaupt ein Signal anliegt. Der Fader kann dabei geschlossen werden.
Treole – Regler zur Klangkorrektur für hohe Frequenzen

Abb. 92. Mischfeld für Großveranstaltungen

Abb. 93. Verkabelung eines Mischfeldes

Lautsprechersysteme

In der Rockmusik wird ein ganzes System unterschiedlichster Lautsprecher eingesetzt, um auf bestimmte akustische Probleme optimal reagieren zu können. Tiefe Frequenzen haben z. B. die Eigenschaft, sich fast kreisförmig um einen Strahler auszubreiten. Das hat zur Folge, daß die tiefen Frequenzen ein Rückkoppeln begünstigen und weitaus kürzer strahlen als die hohen Frequenzen, die gebündelt abgestrahlt werden. Damit würde ein unausgeglichenes Klangbild entstehen. In Abb. 94 sind einige der möglichen Klangeindrücke dargestellt:
Diese Eigenschaften bestimmter Frequenzbereiche werden nun durch verschiedene Boxenkonstruktionen korrigiert. Heute benutzt man für den Tieftonbereich Baßhörner oder Exponentialboxen, die den Schall in eine bestimmte Richtung (nur nach vorn) leiten. Das Problem beim Mittel- und Hochton liegt etwas anders. Durch die von vornherein gegebene Richtwirkung hängt es nun davon ab, wie groß der Abstrahlwinkel der einzelnen Boxen ist. Ein kleiner

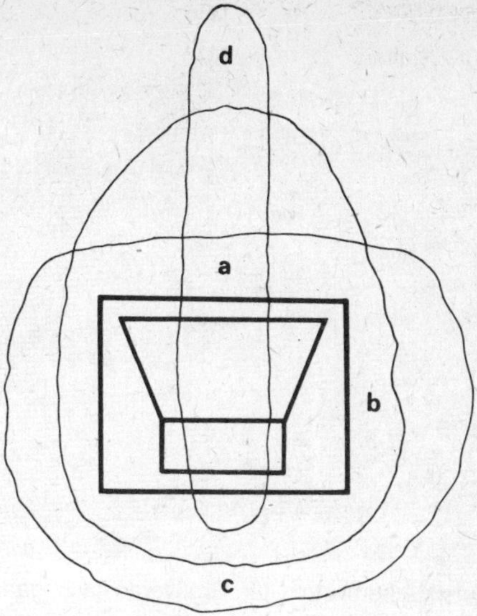

Abb. 94. Abstrahlcharakteristiken unterschiedlicher Frequenzbereiche
a) guter, ausgeglichener Klang
b) es fehlen Höhen
c) es klingt dumpf ohne Höhen
d) nur Höhen, keine Tiefen

Winkel bringt einen hohen Schalldruck, der stark gerichtet ist, und ein großer mindert zwar den Schalldruck, sorgt aber für eine flächige Wirkung. Um eine gegenseitige Beeinflussung der Lautsprecher und Boxeneigenschaften auszuschließen, werden die Frequenzbereiche in hoch (ca. 4000 bis 20000 Hz), mittel (ca. 800 bis 6000 Hz) und tief (ca. 30 bis 1000 Hz) unterteilt und mit den entsprechenden Boxen versehen. Diese einzelnen Frequenzbereiche werden über eine spezielle Filtereinrichtung (Cross over) am Mischpult auf die verschiedenen Boxeneinheiten verteilt.

Auf einen Trugschluß, der nicht nur ‚Laien' unterläuft, soll noch hingewiesen werden. Die Verdopplung der Boxen-

Abb. 95. Lautsprechersystem für Großveranstaltungen, pro Seite ca. 10000 VA)

bzw. Lautsprecheranzahl bringt noch keine doppelte Lautstärke, sondern eine Schalldruckerhöhung von nur 3 dB. Erst wenn die Boxenanzahl verzehnfacht wird, ergibt das die doppelte Lautstärke.

Endstufen

Das sind spezielle Leistungsverstärker, die für die jeweilige Lautsprechergruppe ausgerichtet sind. Die Leistung der Endverstärker richtet sich auch nach dem Bereich, der angesteuert werden soll. Da der Tieftonbereich den geringsten Wirkungsgrad hat, braucht er mehr Leistung, während der Hochtonbereich auf Grund seines guten Wirkungsgrades schwächer ausgelegt sein kann.

Mikrofone

In der Rockmusik werden ausschließlich dynamische

Mikrofone eingesetzt, weil sie im Vergleich wesentlich unempfindlicher sind. Störende „Pop-Effekte“ Plop, Blubbern (wenn Explosivlaute auf das Mikrofon treffen) und die Rückkopplungsgefahr (Pfeifen) werden damit fast ausgeschlossen. Neben der Übertragung der menschlichen Stimme werden Mikrofone auch zur Instrumentenübertragung (z. B. Saxophon ohne Tonabnehmer, Akustik-Gitarre usw.) benutzt. Als Spezialeffekt benutzen viele Gitarristen Mikrofone, um ihren Gitarrenton direkt vom Instrumentalverstärker abzunehmen und ihn in die gesamte PA noch einmal einzuschleifen.

Monitor

Das ist eine Art kleine PA ohne die aufwendige Frequenzaufteilung, um das gegenseitige Hören auf der Bühne zu ermöglichen. Durch die extreme Richtwirkung der Boxen ist z. B. vom Gesang auf der Bühne trotz der großen Leistungen kaum etwas zu hören. Ebenso verzichten manche Keyboarder auf ihren eigenen Bühnenverstärker, werden aber durch die Monitoranlage trotzdem gut hörbar.

Effekte

Effekte sind vergleichbar mit den Effekten, die im Abschnitt „Effekte“ schon genannt wurden.

Abb. 96. Techniker beim Aufbau

DAS STUDIO

Ein Grundgesetz der Schallaufzeichnung, den Originalklang möglichst unverfälscht auf dem Tonträger abzubilden, scheint in der Rockmusik gerade das Verkehrteste zu sein. Natürlich ist es vom Ausgangspunkt der Betrachtung abhängig, was man nun als Originalklang bezeichnet. Ein traditioneller Gitarrist wird wohl kaum hinter den „Hendrix-Ekstasen" noch einen originalen Gitarrenklang sehen, während für die E-Gitarristen Verfremdungen zum Alltag gehören.

Naturgetreu im Sinne der Aufzeichnung heißt ja auch, so wie es im Konzert zu hören ist. Und da beginnt in der Rockmusik bereits ein erster Differenzierungsprozeß. Mitschnitte von Konzerten schrauben die soundtechnischen Erwartungen schon etwas herunter, denn der Hörer weiß mittlerweile, „Live-Konzerte" auf Schallplatten sind nicht vergleichbar mit reinen Studioproduktionen, dafür aber leben sie von der Atmosphäre. Damit wird deutlich, daß das Studio als Reproduzent von dem, was eine Rockgruppe spielt, nur die eine Aufgabe ist; die andere ist die des Mitgestalters, des Formers von Rockmusik. Man kann sogar so weit gehen und direkt von einer Zweigleisigkeit sprechen. Das Konzert ist eine Art der Musikverbreitung, die Schallplatte oder das Band die synthetisch beeinflußte und wirkungsvollere. Mittels Tonträger ist jede gespeicherte Musik abrufbar und in optimaler Form zu hören. Daraus läßt sich auch schlußfolgern, daß bestimmte Sound-Ergebnisse, sprich Aufnahmeverfahren, Einfluß auf die Bewertung konservierter Musik haben. Das hängt natürlich mit dem technologischen Entwicklungsstand der Studios und auch Abspielgeräte zusammen. Greifen wir zunächst einmal einige Entwicklungsphasen der Studiotechnik heraus:

1938	begannen ungarische Plattenstudios mit Mehrspurtechniken zu experimentieren
1939/40	benutzte Walt Disney im Film „Fantasia“ eine 3-Kanal-Tonwiedergabe
1945 bis 1948	entwickelte Dr. P. Goldmark die Polyvinylchlorid- bzw. Polyvinylazetat-Platte
1948	kamen die ersten Schallplatten mit einer Drehzahl von 33⅓ Upm auf den Markt. RCA erprobt eine Kunststoffplatte mit 45 Upm
1954	begann das Zeitalter der stereophonen Aufnahmetechnik.
1956	wurde die Mehrspurtechnologie, zunächst 3-Spur- und ab 1960 8-Spur- bis 32-Spur-Verfahren, eingeführt
um 1980	begann der Einsatz von digitalen Aufnahmeverfahren.

Und spätestens seit Beginn der digitalen Musikproduktion wird deutlich, daß die bisherigen „Schwächen“ der Analog-Technik behoben werden können. Probleme wie Rauschen, Frequenzgang, Klangverfremdung, Plastizität usw. spielen beim digitalen Aufnahmeprozeß kaum noch eine Rolle. Zumal auch hier immer mehr computergesteuerte Anlagen mühevolles manuelles Aussteuern und Angleichen sozusagen per Knopfdruck und programmiert übernehmen. Für die technische Abbildung von Musik bedeutet das größere Dynamik, größere Möglichkeiten der Verfremdung, naturgetreue Aufnahme von Instrumenten. Das Naturgetreue mag in diesem Zusammenhang als Widerspruch zu eingangs Genanntem stehen, ist es aber nicht. Trotz der möglichen Klangbeeinflussungen im Studio kommt es schon erst einmal darauf an, einen Originalklang original aufs Band zu bekommen. Und das ist nach wie vor nicht ganz einfach, denn jedes Mikrofon bringt eine Klangverfälschung mit sich. Das soll genügen, um einen gewis-

sen Einblick in die Problematik der Aufzeichnungstechnik zu erhalten.
Gleich welches Verfahren nun ein Studio anwendet und welche Technik es benutzt, gemeinsam in der Rockmusik-Produktion ist die Aufteilung in bestimmte Arbeitsphasen, die jedoch nicht als generelles Produktionsmodell angesehen werden sollen, sondern als eine Verallgemeinerung, die trotzdem individuell verschieden gehandhabt wird.
Um einen genaueren Einblick in die Musikproduktion zu geben, ist eine Art Protokoll erforderlich, in dem die wichtigsten Phasen einer Aufnahme festgehalten sind. Am Beispiel des Titels „Miss English Teacher" der Gruppe Dialog, veröffentlicht auf der LP „Rock Bilanz '81", AMIGA 855 889/890, sind die einzelnen Arbeitsphasen noch einmal näher erörtert.

Demo-Band

Vor diesem Arbeitsschritt hatte Dialog bereits Komposition und Ablauf schon mehrfach getestet, d. h., der Titel wurde im Rohbau ohne konkreten Text in Konzerten gespielt. Aus der Erfahrung im Umgang mit dem Titel und der Reaktion des Publikums darauf festigte sich der formale Ablauf, und die Instrumentierung wurde so eingerichtet, daß jeder Musikant so individuell und doch so eingeordnet spielt, wie es im Endprodukt zu hören ist. Praktisch hieß das, daß die Kompositionsskizze durch jeden Musiker weiterentwickelt wurde.
Damit wird auch ein Unterschied zur herkömmlichen Musikproduktion deutlich. Kommt es hier vor allem auf die Phantasie und das Können des Arrangeurs an, um über das Notenbild eine entsprechende klangliche Wirkung zu erzielen, so gibt es in der Rockmusik keine einheitliche Symbolsprache, die z. B. genau ausdrückt, wie ein Phaser, ein Verzerrer oder individuelle spieltechnische Feinheiten

eingesetzt werden müssen. Der Musiker als Spezialist auf seinem Instrument (das zeigt sich besonders in Synthesizerfragen) muß entsprechend der Gesamtkonzeption seinen Gestaltungsteil einbringen. Kann das musikalische Gerüst als abgeschlossen angesehen werden, wird der Titel aufgezeichnet.

Im Fall von „Miss English Teacher" wurde an das Misch-

Abb. 97. Studio-Mischfeld

pult einfach ein Recorder angeschlossen und mitgeschnitten. Um nun dem Texter einen gewissen Anhaltspunkt für die Sprachmelodie und den Sprachrhythmus zu geben, wurde der Titel in einer Art Silbensprache gesungen. Im Fachjargon nennt man das „Schimmel".

Die Musik mit dem gesungenen „Schimmel" kam zum Texter Kurt Demmler, der sich die Geschichte um die Englisch-Lehrerin dazu ausdachte. Nachdem sich alle Beteiligten über eine Endfassung geeinigt hatten, wurde dieses

„Demo“ – wenn man so will: die klingende Partitur – dem Rundfunk zur Produktion angeboten. Produzent und Lektorat, die vorerst letzte Gütekontrolle, hatten keine prinzipiellen Einwände mehr, hier und da wurden noch kleinere Korrekturen vorgenommen; der Titel konnte also produziert werden.

Grund- und Urband

„Miss English Teacher“ wurde im 16-Spur-Verfahren produziert, d. h., für die einzelnen Tonsignale stehen 16 Magnetspuren zur Verfügung. Der Vorteil dieser Produktionsweise besteht in folgendem:

Abb. 98. Tonkopf, 16-Spur-Bandmaschine

- jedes Instrument kann separat aufgenommen werden
- räumlich und zeitlich unabhängiges Mischen wird möglich
- vom Aufnahmeort unabhängiger Klang
- Klangkorrekturen einzelner Instrumente sind nachträglich beim Mischen möglich

- stufenweises Produzieren (Instrumental- und Gesangsparts können nacheinander aufgezeichnet werden)
- willkürliche Richtungsaufteilung von links bis rechts (je nach Geschmack und technischen Erfordernissen)
- nachträgliches Festlegen der Lautheitsverhältnisse einzelner Instrumente bzw. Instrumentengruppen möglich

Abb. 99. 1-Zoll-Band mit Wickelspule

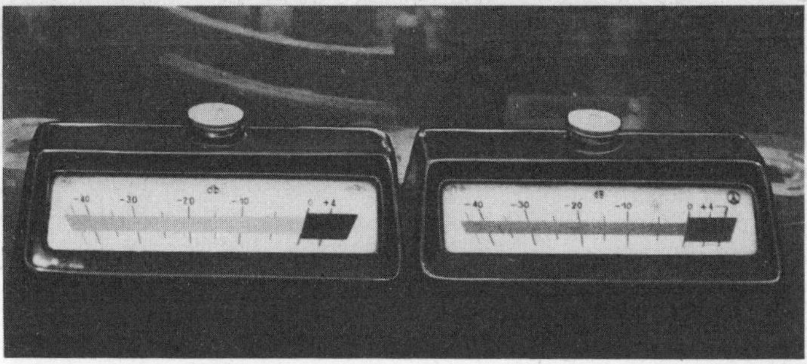

Abb. 100. Aussteuerungsanzeige

Die ersten der 16 Spuren wurden zunächst für Baß, Schlagzeug und Gitarre benutzt, also Instrumente, die das Fundament des Titels bildeten. Obwohl alle drei Instrumente zur gleichen Zeit aufgenommen wurden, waren sie doch akustisch und auf dem Band isoliert zu hören, denn Schlagzeug, Baß und Gitarre befanden sich während der Aufnahme in schallisolierten Kabinen, sodaß die Gitarre über die Mikrofone des Schlagzeugs nicht zu hören war und umgekehrt. Das Übersprechen einzelner Instrumente auf die Mikrofone der anderen ist damit reduziert. Hinzu kommt eben die getrennte Aufzeichnung auf verschiedenen Spuren. Das Ganze läßt sich auch noch weitertreiben, indem man z. B. die große Trommel separat aufzeichnet oder überhaupt bestimmte Klangelemente des Schlagzeugs technisch isoliert. Dadurch bleibt immer Spielraum für nachträgliche sound-technische Bearbeitungen frei. Zur dritten Phase.

Synchronisation

Hierbei dient das Urband als Grundlage und wird dem Musiker über Kopfhörer eingespielt. Nacheinander wurden bei „Miss English Teacher“ weitere Gitarrenstimmen eingespielt, eine Synthesizerstimme, ein Chor und die Ge-

sangsstimmen. Da der Titel sehr einfach gehalten ist, sei an dieser Stelle auf die genauen Arbeitsschritte verzichtet. Erwähnenswert ist das Doppelsynchronverfahren, das im skizzierten Beispiel angewendet wurde. Der Sänger singt zunächst seine Melodie. Ist diese Aufzeichnung beendet, so bekommt er diese Stimme über Kopfhörer eingespielt und singt noch einmal die gleiche Stimme dazu, die jedoch auf einer anderen Spur aufgezeichnet wird.
Da bekanntlich ein Mensch niemals zweimal die gleiche Melodie singen kann, ergeben sich in der Zusammenführung beider Stimmen gewisse Reibungen, die aufgrund unterschiedlicher Stimmfärbung und Intonationsschwankungen (natürlich dürfen das nur minimale Differenzen sein!) entstehen. Für den Hörer stellt sich diese Mischung als voluminöser und interessanter dar als die einfach gesungene Melodie.

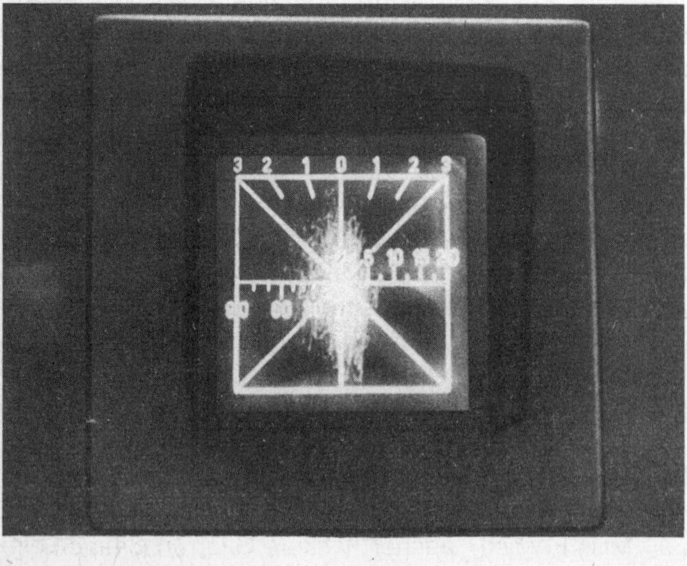

Abb. 101. Goniometer (Richtungsanzeiger)

Mischen

In diesem Arbeitsgang wird der Titel klanglich und in seinen Lautstärkerelationen (Solist – Begleitung, Chor – Solist, Nebenstimme – Baß usw.) festgelegt. Die Reihenfolge der wichtigsten Phasen des Mischens bei „Miss English Teacher“ war folgende:
- große Trommel, kleine Trommel
- Becken, komplettes Schlagzeug
- Baß
- eine tiefe Synthesizerstimme
- erste Rhythmusgitarre
- zweite Rhythmusgitarre mit Akzenten
- Gitarre mit einem Flangereffekt
- Gitarre mit Melodieeinwurf
- Gesangsstimme, Doppelsynchron
- zweite Gesangsstimme
- Chor

Nachdem der Mischvorgang abgeschlossen war, wurden die 16 Spuren (Ein-Zoll-Band) auf übliches ¼-Zoll-Band umgeschnitten, der Titel war fertig. 2,30 Minuten Musik stehen damit zur Verfügung, deren Produktion – die Vorarbeiten einmal ausgeklammert, also ab fertigem Demo gerechnet – rund 10 Stunden für Urband und Synchronisation und 8 Stunden für das Mischen dauerte. Aus der zeitlichen Aufschlüsselung ist auch ersichtlich, daß Vieles im Studio ausprobiert werden muß, um die beste Variante zu finden. Dabei ist „Miss English Teacher“ ein sound-technisch gesehen relativ harmloses Stück.

Abb. 102. Klinkenfeld am Studiomixer zum Einschleifen unterschiedlicher Effekte und Signale

Steckbriefe

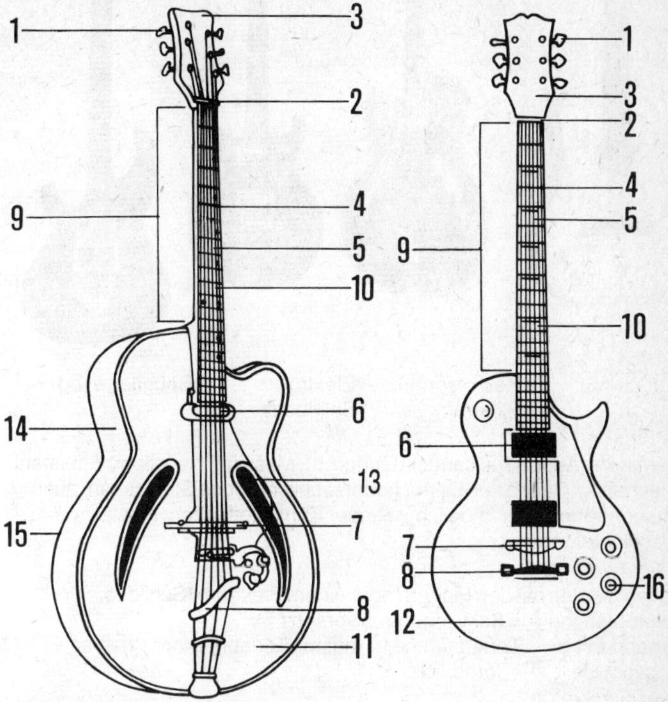

Gitarren

Aufbau:

1 Wirbel	9 Griffbrett
2 Sattel	10 Hals
3 Wirbelbrett	11 Decke
4 Bundstäbe	12 Korpus
5 Bünde	13 Schalloch
6 Tonabnehmer	14 Zarge
7 Steg	15 Boden
8 Saitenhalter	16 Klangregelwerk

Form:

Natur	Halbresonanz/ Plektrum	Elektro/ Solidbody	Baßgitarre (bg)

Material:

Mahagoni; Ahorn; Palisander (Griffbrett); Messing, Neusilber, Edelstahl (Mechanik); Saiten aus Darm, hauptsächlich jedoch Stahlsaiten, auch umsponnene Saiten möglich; seltener Kunststoffsaiten; Plastebeschichtet, lackiert

Tonerzeugung:

Saiten werden mit den Fingern oder einem Plektrum (Schild- o. Plasteblättchen) in Schwingungen versetzt

Tonabnehmer möglich oder Spezialmikrofon	Tonabnehmer erforderlich	nur mit Tonabnehmer spielbar	

Klangbeeinflussung:

durch individuelle Spielweise Bottleneck, Finger-Picking		schlagen auf die Saiten; starkes anreißen
	mechanischer Wah-Wah-Hebel; nachgeschaltete Effektgeräte (Verzerrer, Wah, Phaser usw.)	

Größe: Korpus/Mensur in mm

ca. 450 bis 510/650	sehr unterschiedlich Durchschnittswert 980/630		1100/770

Tonumfang:

	$E–c^3$		$E_1–f^1$

Frequenzumfang: bezogen auf den Grundton in Hz

82,4–1046,52			41,2–349,2

Stimmung: $E\,A\,d\,g\,h\,e^1$ | $E_1\,A_1\,D\,G$

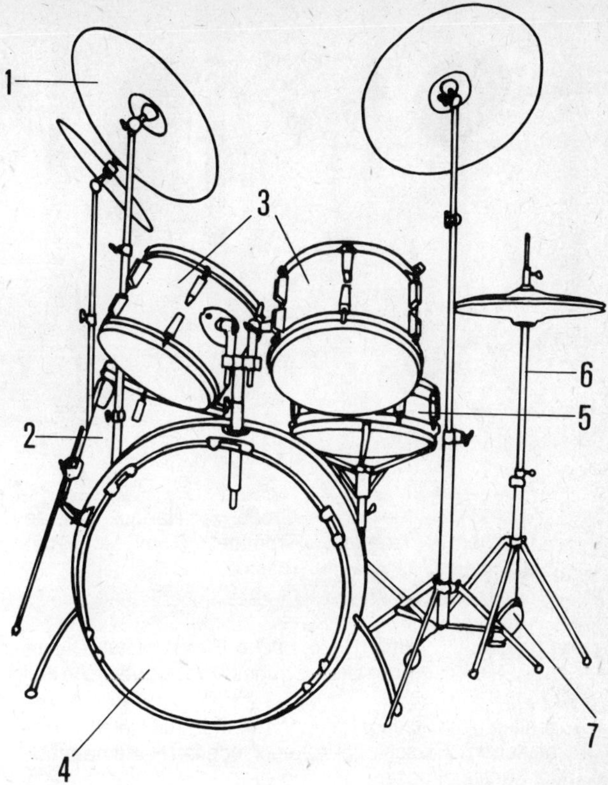

Schlagzeug *(dr)*

Aufbau:

1 Becken
2 Stand-Tom
3 Hänge-Tom
4 große Trommel
5 kleine Trommel
6 Hi-Hat
7 Fußmaschine Hi-Hat

Form:

Hi-Hat	Stand-Becken (cimbales)	Kleine Trommel (snare drum)	Große Trommel (bass drum)	Hänge-Tom	Stand-Tom
Material:					
Metallegierungen		Holz (Rose, Buche, Eiche); Metall, Glasfiber; Kunststoff; synthetische und tierische Felle			
Tonerzeugung:					
durch Anschlagen mit Schlegel (Kuppen können aus Metall, Kunststoff u. a. bestehen); Filzschlegel in verschiedenen Härtegraden; Metall- oder Kunststoffbesen					
Fuß-maschine			Fuß-maschine		
Klangbeeinflussung:					
Art des Anschlagens, möglich ist vom Rand bis zum Mittelpunkt					
Becken-abstand		Rand			
Nieten, Ketten		Dämpfung der Felle			
Größe: Durchmesser/Zargenhöhe in mm					
200–600		300–380/ 100–380	380–800/ 250–550	150–600/ 140–600	
Tonhöhe:					
keine exakte Tonhöhe; klanglich aufeinander abgestimmt					
Frequenzbereich: in Hz					
330–14000		220–12500	50–220	liegt zwischen kleiner und großer Trommel	

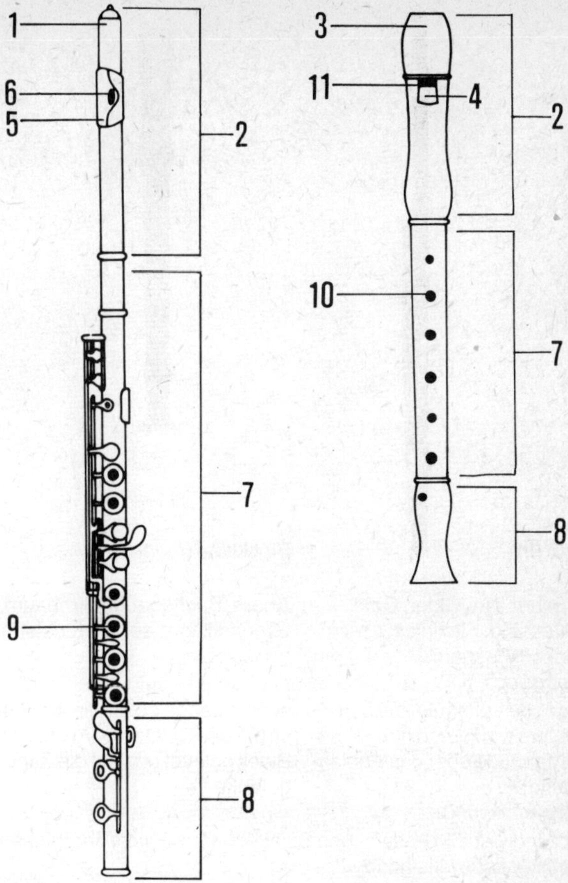

Flöten (fl)

Aufbau:

1 Stimmkork
2 Kopfstück
3 Schnabel
4 Lippe
5 Mundplatte/Ansatzplatte
6 Mundloch
7 Mittelstück
8 Fußstück
9 Klappensystem
10 Grifflöcher
11 Kernspalt

Form:

Querflöte (fl)	Blockflöte (recorder)
Material:	
Metall (Silber, Neusilber, Gold, Platin; Messing; Plexiglas; Holz (Kokos, Grenadill)	Ahorn, Buchsbaum, Birnbaum, Grenadillholz, selten Kunststoff
Tonerzeugung:	
schwingende Luftsäule; die Luft des Spielers wird durch die Lippenspannung über das Anblasloch geleitet	schwingende Luftsäule; der Luftstrom des Spielers wird über den Block geleitet und auf die Zunge gelenkt
Klangbeeinflussung:	
nur durch individuelle Ansatz- und Spieltechnik möglich; überblasen und evtl. gleichzeitiges Mitsingen	
Größe: Länge des Rohres in mm	
860 u. 970 (Altflöte) 670–680 (Gr. Flöte) 250–260 (Pikkolo)	220 (Diskant) 290 (Sopran) 420 (Alt) 590 (Tenor) 880 (Baß) 1190 (Großbaß)
Tonumfang:	
h–d^4 (f^4)	c^2–c^3 (d^4) Sopran
Frequenzumfang: bezogen auf den Grundton in Hz	
246,9–2349,3	523,2–2349,3 (verteilt auf verschiedene Stimmlagen)
Stimmung:	
in C; Altfl. in F oder G	Sopran, Tenor, Großbaß in C; sonst in F

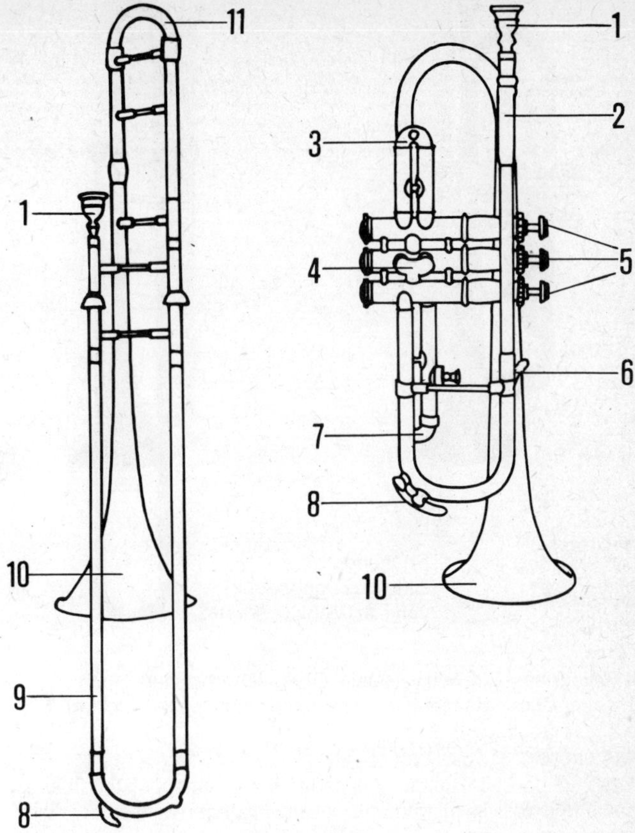

Blechblasinstrumente

Aufbau:

1 Mundstück
2 Mundrohr
3 Ganztonzug
4 Halbtonzug
5 Ventilknöpfe und Maschine
6 Fingerhaken
7 Eineinhalbtonzug (Stimmzug)
8 Wasserklappe
9 Posaunenzug
10 Schallstück
11 Stimmbogen

Form:

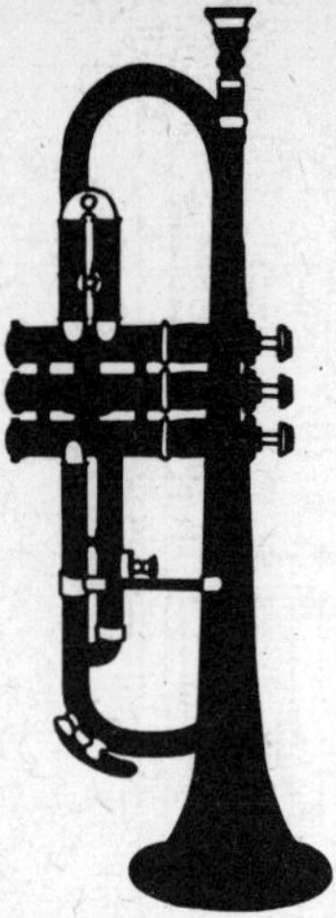

Trompete *(tp)*

Posaune (tb);
slide tb (Zugposaune)
valve tb (Ventilposaune)

Material:

Messing; unterschiedlich veredelte Oberflächen (poliert, Hochglanz); versilbert (glänzend, mattiert), vernickelt, poliert, lackiert (Klar- oder Goldlack)

Tonerzeugung:

Luft des Spielers wird durch Lippenspannung (Lippenpolster) über ein Kesselmundstück im Instrument zur schwingenden Luftsäule

Klangbeeinflussung:

durch individuelle Ansatztechnik und Spielweise; durch Dämpfer
Kugelspitz   Spitzer Dämpfer/straight mute   Hush-Dämpfer
Plugger
Wah Wah   Velvet

Größe:

Rohrlänge ohne Mundstück/Durchmesser Schallstück in mm

1300–1400/120–135	2700/225–235

Tonumfang:

e–c^3	E_1–b^1 (c^2)

Frequenzumfang: bezogen auf den Grundton in Hz

164,8–1046,52	41,2–466,16

Stimmung:

in B (selten in C)	in B

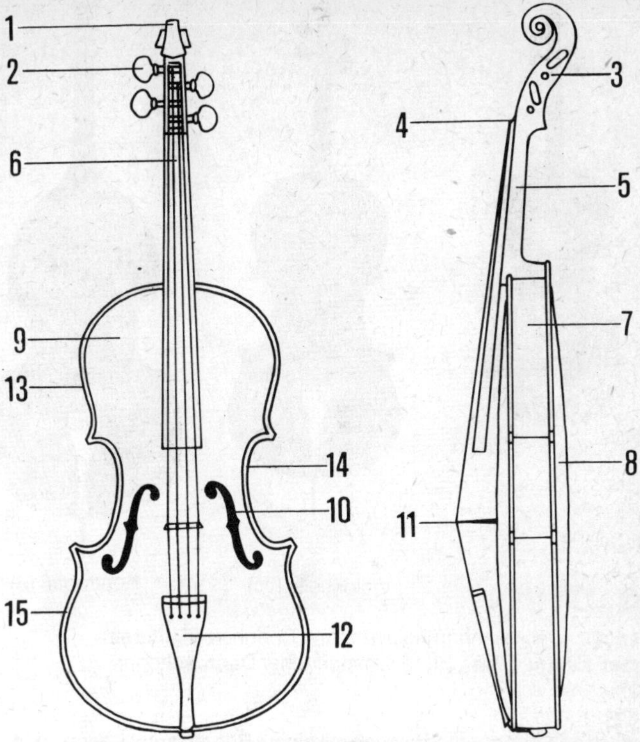

Streichinstrumente

Aufbau:

1 Schnecke
2 Wirbel
3 Wirbelkasten
4 Sattel
5 Hals
6 Griffbrett
7 Zarge
8 Boden
9 Decke
10 F-Loch oder Schalloch
11 Steg
12 Saitenhalter
13 Oberbügel
14 Mittelbügel
15 Unterbügel

Form:

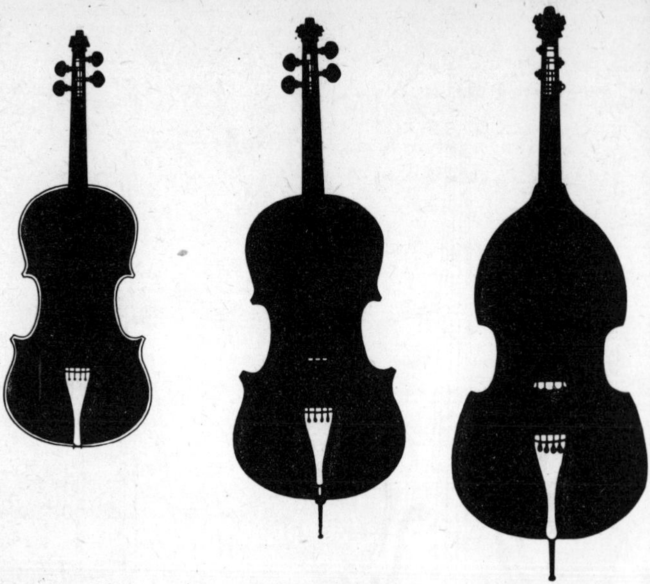

Violine (v)	Violoncello (vc)	Kontrabaß (b)

Material:

Fichtenholz (Decke); Ahornholz (Boden); Ebenholz (Griffbrett); Saiten aus Darm, Silber, Stahl, umsponnener Darm, seltener Aluminium

Tonerzeugung:

schwingende Saite durch Streichen mit einem Bogen (arco) oder zupfen (pizzikato) mit dem Finger; Einsatz von Tonabnehmern bzw. Spezialmikrofonen möglich und nachgeschaltete elektronische Effektgeräte

Klangbeeinflussung:

individuelle Spielweise; Fingervibrato; spezieller Dämpfer, der auf den Steg aufgesetzt wird; beliebige elektronische Klangverfremdung

		„slapin'", die Saiten schlagen nach dem Anreißen auf das Griffbrett

Größe: Korpuslänge/Mensur in mm

355/328	750/690	1100/1080

Tonumfang:

g–a^4 (d^5, Flageolett)	C–a^2 (a^4, Flageolett)	(C_1) E_1–g^1

Frequenzumfang: bezogen auf den Grundton in Hz

196,0–3526,0	65,4–880,0	41,2–395,0

Stimmung:

$g\ d^1\ a^1\ e^2$	C G d a	(C_1) E_1 A_1 D G